Knaur.

Knaur.

Dieter F. Wackel

Ein Witz für alle Fälle

Knaur Taschenbuch Verlag

Besuchen Sie uns im Internet:
www.knaur.de

Originalausgabe Juli 2008
Copyright © 2008 by Knaur Taschenbuch.
Ein Unternehmen der Droemerschen Verlagsanstalt
Th. Knaur Nachf. GmbH & Co. KG, München
Alle Rechte vorbehalten. Das Werk darf – auch teilweise –
nur mit Genehmigung des Verlags wiedergegeben werden.
Umschlaggestaltung: ZERO Werbeagentur
Umschlagabbildung: FinePic, München / Susanne Kracht
Illustrationen: Ralf Stumpp
Satz: Adobe InDesign im Verlag
Druck und Bindung: Nørhaven Paperback A/S
Printed in Denmark
ISBN 978-3-426-63976-4

2 4 5 3 1

Inhalt

»Skalpell … Schere … Anwalt« –
Über die Halbgötter in Weiß

Ein Herzspezialist wird beerdigt. Der Sarg steht vor einem riesigen Herz. Der Pfarrer hält seine Rede. Als er fertig ist und alle Abschied genommen haben, klappt das überdimensionale Herz auf, der Sarg rollt hinein und das Herz klappt zu.
In diesem Augenblick fängt ein Trauernder laut an zu lachen. Fragt ihn sein Nachbar: »Warum lachen Sie denn?«
»Ich musste an meine Beerdigung denken …«
»Was ist daran so lustig?«
»Nun ja, ich bin Frauenarzt!«

Der Arzt besorgt zum Patienten: »Sie wissen doch, dass Alkohol Ihr Leben verkürzt?«
Der Patient antwortet: »Das stimmt. Ich habe es auch gemerkt. Nirgends vergeht die Zeit schneller als beim Trinken!«

Kommt eine Nymphomanin zum Psychologen. Er sagt: »Legen Sie sich bitte auf die Couch …«
Sie strahlt ihn an: »Woher wussten Sie so schnell, was mir fehlt?«

Der Psychiater zeichnet eine senkrechte Linie: »Woran denken Sie dabei?«

»An nackte Frauen!«, antwortet der Mann.

Der Psychiater zeichnet einen Kreis. »Und woran denken Sie hierbei?«

»An nackte Frauen!«, antwortet der Mann.

Der Psychiater zeichnet einen Stern. »Und dabei?«

»An nackte Weiber natürlich!«

Der Psychiater legt den Bleistift aus der Hand. »Ich habe den Eindruck, nackte Frauen sind eine fixe Idee bei Ihnen.«

»Bei mir? Wer hat denn bitte schön das ganze obszöne Zeug gemalt?!«

Eine Dame kommt ehrfürchtig und aufgeregt zum berühmtesten Professor der Stadt und fragt mit verschwörerischem Unterton: »Sehr geehrter Herr Professor, stimmt es, dass Warzen verschwinden, wenn man eine schwarze Katze bei Vollmond an einer Friedhofsmauer begräbt?«

Der Professor kratzt sich den Kopf und murmelt in seinen Bart: »Hm … na ja … warum eigentlich nicht … wenn die Warze auf der Katze war!«

»Herr Doktor, ich denke ständig, ich bin eine Katze.«

»Hm, legen Sie sich mal auf die Couch«, sagt der Psychiater.

»Ich darf doch nicht auf die Couch!«

Eine Frau schickt ihren Mann zum Psychiater, weil er den ganzen Tag vor sich hersagt: »Ich bin ein Kannibale. Ich bin ein Kannibale.«
Als der Mann zurückkommt, fragt ihn seine Frau: »Na, wie war der Doktor?«
»Lecker!«

Eine sehr attraktive junge Frau kommt in die Apotheke und sieht in der Ecke eine Waage stehen. Sie wirft zehn Cent hinein, wiegt sich und schreit entsetzt auf.
Rasch verlangt sie noch ein 10-Cent-Stück, legt Jacke und Schal ab und wiegt sich von neuem.
Sie zieht Schuhe und Pulli aus, nimmt das nächste 10-Cent-Stück und betritt verzweifelt die Waage.
Da kommt der Apotheker, stellt sich neben sie und sagt: »Machen Sie nur weiter, Süße, ab jetzt geht es auf Kosten des Hauses.«

»Herr Doktor, Herr Doktor, ich hab Durchfall, kann ich damit baden?«
»Ja, aber nur, wenn Sie die Wanne voll kriegen.«

»Klagt Ihr Mann über permanenten Durst?«, fragt der Arzt.
»Nein, das ist ja das Furchtbare, Herr Doktor, er freut sich ungeheuer darüber.«

»Herr Doktor, Herr Doktor, ich höre immerzu Stimmen, sehe aber niemanden.«

Der Arzt fragt nach: »Wann passiert das in der Regel?«

»Immer dann, wenn ich telefoniere.«

Treffen sich zwei Psychologen im Supermarkt.

Fragt der eine: »Weißt du, wie spät es ist?«

Antwortet der andere: »Nein, aber gut, dass wir mal drüber gesprochen haben!«

Die beiden treffen sich eine Woche später wieder.

Der eine fragt den anderen: »Und, weißt du inzwischen, wie viel Uhr es ist?«

»Nein«, sagt der andere, »aber ich kann echt schon viel besser damit umgehen!«

»Wenn Sie noch eine Zeitlang leben wollen, müssen Sie auf der Stelle aufhören zu rauchen!«

»Dazu ist es jetzt zu spät.«

»Zum Aufhören ist es nie zu spät!«

»Na, dann hat's ja wirklich noch Zeit …«

Wie vermehren sich Mönche und Nonnen?

Ganz einfach, durch Zellteilung.

Wie verabschieden sich die Teilnehmer eines Ärztekongresses?

Augenarzt: »Man sieht sich!«

Ohrenarzt: »Lasst mal wieder was von euch hören!«

Urologe: »He Jungs! Ich verpiss mich!«

Tierarzt: »Ich mach dann mal die Fliege!«

Kardiologe: »Bye, pass auf dich auf!«

Gynäkologe: »Ich schau mal wieder rein!«

Orthopäde: »Hals- und Beinbruch!«

Dermatologe: »Haut ab!«

Kommt ein Mann zum Psychiater und sagt: »Herr Doktor, Herr Doktor, ich kann in die Zukunft schauen, bitte helfen Sie mir.«

Der Psychiater: »Wann hat das denn angefangen?«

»Nächsten Sonntag.«

Stationsarzt zur Pflegeschülerin: »Haben Sie Patient Meyer das Blut schon abgenommen?«

»Ja, aber mehr als fünfeinhalb Liter habe ich wirklich nicht aus ihm herausbekommen.«

Fragt die Hebamme: »Frau Schmid, möchten Sie, dass Ihr Mann bei der Geburt Ihres Kindes dabei ist?«

»Nicht notwendig, er war ja auch bei der Zeugung nicht dabei.«

Der Arzt löst den Gipsverband des rechten Mittelfingers seiner Patientin und fragt: »Nun? Können Sie das Glied bewegen?«

»Sicher, ich bin Linkshänderin!«

»Herr Doktor, ist das eine seltene Krankheit, an der ich leide?«

»Überhaupt nicht. Die Friedhöfe sind voll davon!«

Ein Mann beim Hausarzt: »Herr Doktor, wie kann ich 100 Jahre alt werden?«

Arzt: »Rauchen Sie?« Patient: »Nein.«

Arzt: »Essen Sie übermäßig?« Patient: »Nein.«

Arzt: »Gehen Sie spät ins Bett?« Patient: »Nein.«

Arzt: »Haben Sie Frauengeschichten?« Patient: »Nein.«

Arzt: »Wieso wollen Sie dann überhaupt so alt werden?«

»Herr Doktor, Herr Doktor! Beim Kaffeetrinken tut mir immer das Auge weh.«

»Probieren Sie doch mal, vorher den Löffel aus der Tasse zu nehmen.«

Der Dorfarzt ist leidenschaftlicher Jäger. Nach der Treibjagd fragt ihn seine Frau: »Na, hast du Erfolg gehabt?«

»Ich bin ganz zufrieden«, antwortet der Doktor, »zwei Hasen, vier neue Patienten.«

Ein arbeitsloser Gynäkologe beginnt bei einem Maler zu arbeiten.

Nach dem ersten Arbeitstag fragt der Chef den Gehilfen, wie sich der Neue denn so macht.

»Na ja, was soll ich sagen. Einfach irre der Typ. Der hat doch echt durch den Briefkastenschlitz den ganzen Hausflur gestrichen …«

Was ist der Unterschied zwischen einer Hebamme und einem Chemiker?

Der Chemiker sagt: »H_2O« – die Hebamme: »Oha, zwei!«

Zwei Epileptiker unterhalten sich: »Ich habe gehört, du hast gestern in der Disco den Breakdance-Wettbewerb gewonnen?«

»Ja stimmt, aber eigentlich wollte ich mir nur ein Bier holen.«

Zwei Freundinnen unterhalten sich:

»Wusstest du eigentlich, dass Heidi gleich zwei Hausärzte hat, einen älteren und einen ganz jungen?«

»Warum das denn?«

»Ganz einfach: Den älteren lässt sie kommen, wenn sie krank ist, den jüngeren, wenn ihr etwas fehlt.«

Die Schwiegermutter liegt bewusstlos am Boden.
»Man muss sie wiederbeleben«, sagt der Arzt. »Ich werde ihr ein paar Ohrfeigen geben.«
Da ruft der Schwiegersohn: »Oh, bitte, Herr Doktor, lassen Sie mich das tun! Seit Jahren warte ich auf diese einmalige Gelegenheit ...«

Frau Schneider faucht den Stationsarzt entsetzt an: »4000 Euro soll die Operation meines Mannes kosten? Da war ja das Angebot vom Beerdigungsinstitut günstiger!«

Mitternacht in der Kleinstadt. An der Haustür des Landarztes klopft es laut. Schlaftrunken fragt er: »Was gibt's denn?«
»Was verlangen Sie für einen Krankenbesuch auf einem Bauernhof, ungefähr sieben Kilometer von hier?«
»20 Euro.«
»O.k., dann kommen Sie schnell!«
Der Arzt zieht sich an, nimmt seine Tasche, holt das Auto aus der Garage und lässt sich von seinem nächtlichen Besucher zu dem abgelegenen Hof lotsen.
»Hier sind die 20 Euro.«
»Und wo ist der Kranke?«
»Es gibt gar keinen. Aber ich konnte beim besten Willen um diese Uhrzeit kein Taxi mehr auftreiben.«

Wie viele Psychologen braucht man, um eine Glühbirne auszuwechseln?
Einen – aber die Glühbirne muss wollen!

Der Arzt am Sterbebett: »Ihre Frau gefällt mir gar nicht.«
»Mir ja auch nicht, aber es wird ja hoffentlich nicht mehr lange dauern, oder?«

Der Hausarzt zu seiner Tochter: »Hast du deinem Freund gesagt, dass ich nichts von ihm halte?«
»Ja, Papi.«
»Und, was hat er darauf erwidert?«
»Das sei nicht deine erste Fehldiagnose!«

Ein Anruf mitten in der Nacht beim Arzt:
»Herr Doktor, kommen Sie schnell, unsere Tochter hat ein Kondom verschluckt!«
Der Arzt beeilt sich, in die Klamotten zu kommen. Gerade als er sein Haus verlassen will, klingelt das Telefon noch mal. Es ist wieder die Frau und sie sagt:
»Herr Doktor, es ist alles in Ordnung, mein Mann hat noch eines gefunden …«

»Herr Doktor, ich leide so an Gedächtnisschwund!«
»Seit wann haben Sie das denn?«
»Was denn?«

Eine Frau geht zum Frauenarzt.

Der Doktor legt sich auf den Boden und winkt der Patientin zu.

»Kommen Sie, junge Frau, und gehen Sie langsam und breitbeinig über mich hinweg!«

Die Patientin ist natürlich etwas verwundert. Da sagt die Sprechstundenhilfe:

»Sie müssen sich nichts dabei denken, der Doktor hat nämlich umgeschult. Früher war er Autoschlosser …«

Eine Frau bringt im Aufzug der Frauenklinik ein Baby zur Welt.

Sie schämt sich so sehr und fängt an zu weinen. Ein Arzt will sie trösten und sagt:

»Ach wissen Sie, das ist ja gar nichts. Letztes Jahr war da eine Frau, die hat ihr Baby am Haupteingang geboren.«

»Das war ich doch auch …«

Ein Mann hat mächtig Sitzbeschwerden und geht zum Arzt. Der fordert ihn dann auf:

»Machen Sie sich bitte frei, drehen Sie sich um und bücken sich.«

Nach kurzer Untersuchung sagt er zu dem Mann:

»Sie haben Hämorrhoiden!«

Der Mann richtet sich wieder auf und meint:

»Na und? Haben Sie sich nicht getraut, mir das ins Gesicht zu sagen?«

Der Landarzt fährt mit 150 durchs Dorf. Seine Frau: »Nicht so schnell, Hase, wenn uns jetzt der Polizist sieht?«

»Keine Angst, Mausi, dem habe ich gestern eine Woche Bettruhe verschrieben …«

Ein Patient klagt über Potenzstörungen.

»Ach«, meint der Arzt, »machen Sie sich mal keine Sorgen, wir haben da ein schnell wirkendes neues Phosphorpräparat.«

»Sie haben mich missverstanden«, sagt der Patient, »er soll stehen, Herr Doktor, nicht leuchten …«

Der zerstreute Zoologie-Professor Manfred B. kommt gebeugten Ganges nach Hause.

»Lydia, Schatz, hol mir bitte sofort einen Arzt! Ich kann nicht mehr aufrecht gehen.«

Der Arzt nach der Untersuchung: »In erster Linie möchte ich Ihnen raten, den obersten Hosenknopf aus dem dritten Knopfloch Ihrer Weste zu lösen.«

»Also, es besteht leider kein Zweifel mehr, Sie sind vergiftet worden.«

»Womit denn, um Himmels willen?«

»Keine Sorge, das werden wir bei der Obduktion feststellen …«

Kommt ein Mann in die Apotheke:
»Guten Tag, ich hätte gerne eine Dose Hodenfarbe.«
»Wie bitte?«
»Eine Dose Hodenfarbe!«
»Wie kommen Sie denn darauf?«
»Tja, mein Arzt hat mich untersucht, mit dem Finger gewackelt und gesagt: Herr Meier, Sie haben zu viel Cholesterin im Blut, da müssen wir die Eier ab sofort streichen ...«

»Herr Doktor, ich habe jeden Morgen um sieben Uhr Stuhlgang!«
»Ja, aber das ist doch sehr gut!«
»Aber ich steh doch erst um halb acht auf ...«

Beim Augenarzt:
»Lesen Sie mal die Zahlen vor!«
»Welche Zahlen?«
»Na, die an der Tafel da.«
»Welche Tafel?«
»Die an der Wand hängt!«
»Welche Wand?«
»Mein Herr, Sie brauchen keine Brille, Sie brauchen einen Blindenhund.«
»Was soll ich denn mit einem blinden Hund?«

Kommt ein Mann im weißen Kittel ins Krankenzimmer und fragt den Patienten: »Wie groß sind Sie denn?«
Patient: »Eins achtzig, Herr Doktor.«
Mann: »Ich bin nicht der Doktor, ich bin der Schreiner.«

Kommt ein Mann zum Arzt. Der Doktor sagt ihm, er habe eine schwere, ansteckende Krankheit. Zur Behandlung werde er Moorbäder verordnen.
Hoffnungsvoll fragt der Patient, ob es ihm davon besser ginge?
»Das nicht – aber Sie gewöhnen sich schon mal an die feuchte Erde.«

Bei einer Hausgeburt. Der Arzt geht ins Schlafzimmer, kommt nach kurzer Zeit wieder heraus und bittet den Ehemann um eine Zange. Er verschwindet, erscheint jedoch bald wieder und verlangt Hammer und Meißel. Dem erbleichenden Ehemann wanken die Knie, doch der Arzt brummt nur: »Keine Sorge, ich krieg nur meine verdammte Tasche nicht auf!«

»Frau Müller, wenn Sie mich so anlachen, wünschte ich mir, dass Sie mich besuchen kommen.«
»Sie Schmeichler, Sie.«
»Nun ja, wie man es nimmt – ich bin Zahnarzt …«

»Herr Doktor, Sie müssen mir helfen. Mein Schwiegervater wird langsam senil – er sitzt den ganzen Tag in der Badewanne und spielt mit einem Gummikrokodil.«

»Aber lassen Sie doch dem alten Mann dieses harmlose Vergnügen.«

»Nein, verdammt noch mal. Es ist mein Gummikrokodil!«

»Was ist es?« –
Über Klein Fritzchen und Klein Erna

»Der Schuh drückt, der Schuh drückt«, seufzt der kleine Tausendfüßler.
Die ratlose Mutter fragt nach: »Welcher, mein Kind, welcher?«

Fritzchen schreibt einen Brief an den lieben Gott: »Bitte schick mir 100 Euro!«
Die Post weiß grad nichts Besseres, als den Brief an Merkel zu schicken. Die schickt ihm einen Brief zurück mit 5 Euro drin.
Da schreibt Fritzchen erneut an Gott: »Danke, aber warum hast du ihn über Merkel geschickt? Die hat doch glatt 95 Prozent Steuern einbehalten!«

Eine Mutter holt ihren Sohn vom Psychologen ab.
»Und«, fragt sie neugierig, »was hat er gesagt?«
»Ich hätte einen Ödipuskomplex«, antwortet der Sohn.
»Ach, so ein Quatsch, Hauptsache, du hast deine Mami lieb!«

Fragt der Erdkundelehrer: »Wie heißt die Weinsorte, die am Fuße des Vesuv wächst?«
Sagt Hans: »Glühwein natürlich, Herr Lehrer.«

Der werdende Vater wartete bei seinen Schwiegereltern auf die Geburt seines Sohnes. Da er schon seinen ganzen Urlaub verbraucht hatte, musste er zurück ins Büro. Er sagte zu seinem Schwiegervater:
»Wenn mein Sohn geboren ist, dann rufe mich nicht im Büro an und erzähl es meiner Sekretärin. Sonst muss ich wieder endlose Partys bezahlen. Schicke eine Nachricht, dass die Standuhr angekommen sei. Das ist unser Codewort für das Baby.«
Nach ein paar Tagen kam endlich der Nachwuchs an, aber es war ein Mädchen und kein Junge.
Der Schwiegervater denkt sich:
»Wenn ich meinem Schwiegersohn sage, dass die Uhr nicht angekommen ist, dann macht er sich vielleicht Sorgen um das Baby und kommt sofort hierher.« Deswegen schickte er folgende Nachricht:
»Die Uhr ist angekommen, aber das Pendel fehlt …«

Kommen zwei Kinder in die Drogerie.
»Unser Papa ist gerade in einen Bienenkorb gefallen.«
»Da braucht ihr sicher eine Salbe.«
»Nee, einen Farbfilm!«

Mutter zum kleinen Fritzchen: »Fritzchen, wie siehst du denn schon wieder aus?«
Fritzchen: »Ich bin ins Gras gefallen!«
»Aber so sieht doch kein Gras aus!«
»Doch! Nachdem es die Kuh gefressen hat!«

Oma empfängt Klein Fritzchen und sagt: »Deine Mutti haben wir ins Krankenhaus bringen müssen, weil der Storch ihr ins Bein gebissen hat.«
»So ein Pech«, sagt Klein Fritzchen, »und das so kurz vor der Entbindung.«

Alle Kinder freuen sich über das Licht, nur nicht Abel, der kam ans Kabel.

Ein naives Fräulein geht zum Frauenarzt und lässt sich untersuchen. »Der Test hat ergeben, dass Sie schwanger sind«, meint der Arzt. »Alles deutet darauf hin, dass Sie Zwillinge bekommen werden.«
»Unmöglich, Herr Doktor!«, protestiert sie. »Ich war noch nie in meinem Leben mit zwei Männern zusammen!«

Die kleine Monika fragt ihren Bruder:
»Du, wo geht eigentlich der Klapperstorch hin, wenn er das Kind abgeliefert hat?«
»In Papas Hose natürlich …«

Der Enkel zur Oma:

»Oma, was ist denn ein Liebhaber?«

Oma schreckt auf: »O Gott, o Gott«, rennt auf den Speicher – der Enkel läuft hinterher – und räumt sich den Weg zu einem alten Schrank frei.

Als die Oma die Tür öffnet, fällt ihr ein Skelett entgegen.

Sagt der zehnjährige Sohn zu seinem Vater:

»Papa, kann ich mal deine Taschenlampe haben?«

»Wozu denn?«

»Wir treffen uns heute Abend mit der Clique und ein paar Mädchen im Park und knutschen da ein bisschen rum.«

»Also, zu meiner Zeit konnten wir das auch im Dunkeln.«

»Ja, so sieht Mama auch aus.«

Fragt der Lehrer in der Schule:

»Kinder, was ist die erotischste Zahl, die ihr kennt?«

Es meldet sich Klein Klärchen: »218593.«

Der Lehrer ist ganz erstaunt und fragt nach: »Wieso denn das?«

Klärchen erklärt: »Herr Lehrer, das ist doch ganz einfach. Wenn 2 sich 1 sind und nicht 8 geben, dann merken sie spätestens nach 5 Wochen, dass sie in 9 Monaten 3 sind.«

Der kleine Sohn schaut sich den neuen Pelzmantel seiner Mutter an und meint: »Muss das arme Vieh dafür gelitten haben!«
Darauf die Mutter wütend: »Wie sprichst du eigentlich über deinen Vater?!«

Lehrerin: »Wer morgen weiß, wo die Babys herkommen, darf früher nach Hause.«
Paul fragt zu Hause seine Oma, die ihm erklärt: »Babys kommen aus dem Apfelbaum!«
Am nächsten Morgen steckt sich Paul einen Apfel in die Hosentasche. Auf die Frage der Lehrerin fasst er in die Tasche und fragt: »Soll ich ihn rausholen?«
»Nein, aber du darfst jetzt gehen …«

Hubert fährt freihändig auf dem Fahrrad. Er wird von einem Polizisten dabei beobachtet.
Polizist: »Wie heißt du?«
Hubert: »Hubert Meier!«
Polizist: »Und dein Alter?«
Hubert: »Auch Meier!«

»Zu Oma und Opa gehe ich nie wieder!«, sagt Jonas zu Hause zu seiner Mutter. »Die sitzen den ganzen Tag auf dem Sofa herum und haben nichts an!«
»Um Gottes willen, was sagst du? Die haben nichts an?«
»Nein, gar nichts, kein Fernsehen, kein Radio, nichts!«

Klein Manfred raucht in aller Öffentlichkeit fröhlich eine Zigarette. Da kommt eine ältere Frau vorbei und meint: »Was sagen deine Eltern eigentlich dazu, dass du schon rauchst?«

»Und was würde Ihr Mann sagen, wenn er wüsste, dass Sie fremde Kerle auf der Straße anmachen?!«

»Wörter, die mit der Vorsilbe *un-* beginnen, drücken meist etwas Schlechtes oder Unangenehmes aus«, erklärt der Lehrer. »Wer kann ein solches Wort nennen?«
Darauf Gernot schlagfertig: »Unterricht!«

»Welcher Vogel baut kein eigenes Nest?«, fragt der Lehrer den Klaus.
»Der Kuckuck!«
»Richtig. Und warum nicht?«
»Weil er in einer Uhr wohnt!«

»Warum bewundern wir heute immer noch die alten Römer?«, will der Lehrer wissen.
Steffi vermutet: »Weil sie fließend Latein sprachen.«

Lehrerin: »Was malst du denn da, Fritzchen?«
»Eine Kuh!«
»Und wo ist denn der Schwanz?«
»Noch im Bleistift!«

Der Religionslehrer schildert den Kindern den Weltuntergang: »Der Sturm wird die Dächer wegfegen, Flüsse werden über die Ufer treten und Blitz und Donner werden über die Menschheit hereinbrechen!«
Fragt ein Schüler: »Werden wir bei dem Sauwetter Unterricht haben?«

Was ist der Unterschied zwischen Mathe und einem Steak?
Das Steak ist für den Hund, Mathe für die Katz.

Im Chemieunterricht fragt der Lehrer seine Schüler: »Was ist wohl das Schönste, was uns die Chemie geschenkt hat?«
Fritzchen meldet sich zu Wort: »Blondinen!«

»Papa, was ist eine Transe?«
»Frag Mutti, der weiß das!«

Die Mutter findet im Kinderzimmer ihres 15-jährigen Sohnes harte SM-Pornos. Fassungslos erzählt sie es abends ihrem Mann.
Darauf er: »Und was machen wir jetzt? – Verhauen wäre wohl nicht das Richtige …«

Papa zu Fritzchen: »Der Storch hat dir letzte Nacht eine Schwester gebracht.«

»Mensch, Papa, da laufen die tollsten Frauen rum, und du vögelst den Storch!«

Ein Junge starrt in der U-Bahn einen Mann an, der einen Kropf hat.

Dieser lässt sich das eine Zeitlang gefallen, dann sagt er: »Wenn du mich noch lange anstarrst, fresse ich dich!«

Darauf der Junge: »Schluck erst mal den anderen runter!«

Klein Fritzchen: »Papi, ich will die Oma heiraten.«

Vater: »Aber du kannst doch nicht meine Mutter heiraten!«

Klein Fritzchen: »Aber du hast doch auch meine Mutter geheiratet!«

Klein Julia ist mit ihrer Oma in der Kirche.

Nach dem Halleluja fragt sie: »Ob mich der Pfarrer kennt?«

»Wieso?«

»Hast du denn nicht zugehört? Er hat doch gerade ›Hallo, Julia‹ gesungen!«

Der Klassenlehrer wird ans Telefon gerufen: »Hallo, ich möchte Ihnen nur mitteilen, dass mein Sohn krank ist und heute nicht zur Schule kommen kann.«
»Wer spricht denn da?«, fragt der Lehrer zurück.
»Mein Vater!«

Dörte hat die kranke Lehrerin besucht. Draußen warten die Klassenkameradinnen. Sie wollen wissen, wie es der Lehrerin geht.
»Es besteht keine Hoffnung mehr«, sagt Dörte betrübt.
»Morgen kommt sie wieder in die Schule.«

Fragt Fritz die Oma: »Woraus besteht Milchschokolade?«
Die Oma darauf: »Aus Milch.«
Da fragt Fritz verwundert: »Und Kinderschokolade?«

Klein Erna fragt: »Mutti, stimmt es, dass Mann und Frau gründlich prüfen, ob sie mit allen wichtigen Teilen zueinander passen, bevor sie heiraten?«

Klein Paula kommt mit klatschnassen Haaren ins Zimmer.
Ihr Vater tadelt sie: »Ist es denn wirklich unbedingt nötig, dass du deinen Fischen einen Gutenachtkuss gibst?«

Die Lehrerin fragt im Biologieunterricht: »Liebe Kinder, was ist weiß und hat zwei Beine?«
Schülerin: »Ein Huhn.«
Lehrerin: »Richtig, liebe Kinder, sehr gut. Es könnte aber auch eine Gans sein.«
Lehrerin: »Was ist schwarz und hat vier Beine?«
Schüler: »Ein Hund.«
Lehrerin: »Richtig, liebe Kinder, sehr gut. Es könnte aber auch eine Katze sein.«
Fragt Klein Fritzchen: »Frau Lehrerin, was ist hart und trocken, wenn man es reinsteckt – und klein und glitschig, wenn man es rausnimmt?«
Die Lehrerin wird rot und knallt ihm eine.
Klein Fritzchen: »Richtig, Frau Lehrerin, sehr gut. Es könnte aber auch ein Kaugummi sein!«

Die Personalien der Schüler werden aufgenommen.
»Ich bin halbehelich, Fräulein Lehrerin«, sagt Moritz.
»Das gibt es nicht, Moritz. Entweder ehelich oder unehelich.«
»Das gibt es doch. Bei uns war es nämlich so: Meine Mama ist ledig, aber mein Papa ist verheiratet.«

Es klingelt an der Haustür: »Papi, da ist jemand, der für das neue Hallenbad sammelt.«
»Gut, gib ihm ein Glas Wasser, Junge!«

Fritzchen wird von den Eltern zu seiner Tante Anne gebracht. Dort leben auch sein Cousin Sven und sein Onkel Kurt. Eines Tages geht er in die Küche, schmeißt die Porzellantassen von Tante Anne auf die Erde und zerbricht sie. Dann geht er zu Svens Fahrrad und klaut den Reifen. Und danach macht er das Dach vom Onkel Kurt kaputt. Weinend läuft er nach Hause und klingelt an der Tür.

Seine Mutter öffnet und fragt: »Fritzchen, was ist denn los?«

Da sagt Fritzchen: »Ich habe etwas ganz Schlimmes angestellt. Tante Anne hat nicht mehr alle Tassen im Schrank, Sven hat ein Rad ab und Onkel Kurt hat einen Dachschaden.«

»Ist es nicht gefährlich, die kleine Elke in so einem hohen Bettchen schlafen zu lassen?«, fragt die Tante sichtlich besorgt.

»Wieso? Wir haben es extra so ausgesucht, damit wir hören, wenn sie aus dem Bett fällt.«

»Mami?«

»Ja, mein Sohn?«

»Mami, ich hätte gerne einen Tampon.«

»Wozu brauchst du denn einen Tampon, Fritzchen?«

»Ich habe gehört, mit einem Tampon kann man alles machen … Reiten, Schwimmen, Tanzen.«

Die kleine Sonja schaut ihrer Mutter beim Duschen zu, plötzlich fragt sie: »Du, Mama, was hast du denn da unten?«

»Das ist meine Vagina, Kleines.«

Sonja überlegt und sagt: »Dann habe ich ein Vaginchen?!«

»Ja, Sonja, du hast ein Vaginchen.«

Das kleine Mädchen überlegt weiter. Plötzlich geht ein Strahlen über ihr Gesicht und sie sagt: »Dann hat Oma einen Waggon!«

»Welches ist denn deine Lieblingsstellung?«

»Also, pass auf: Meine Frau legt sich auf den Wohnzimmerteppich und macht die Beine breit. Ich hänge mich nackt an den Kronleuchter, schwinge dreimal hin und her und lass mich dann mit einem lauten Tarzanschrei auf sie herunterfallen.«

»Hm, ist das nicht ein bisschen umständlich?«

»Das schon, aber die Kinder finden es toll.«

»Mami, Mami, darf ich noch etwas mit Opa schaukeln?«

»Nee, der bleibt so hängen, bis die Polizei kommt!«

Fragt die Tante: »Hilfst du auch immer schön deiner Mutter?«

Sagt der Kleine: »Klar. Ich muss immer die Silberlöffel zählen, wenn du gegangen bist …«

Fritz klagt: »Immer wenn ich eine Freundin mit nach Hause bringe, gefällt sie meiner Mutter nicht.«

»Na dann bring doch eine mit nach Hause, die deiner Mutter ähnlich sieht!«

»Auch schon probiert, aber die gefällt meinem Vater nicht!«

Harry kommt aus der Schule und erzählt: »Heute habe ich meinen Klassenkameraden Fred daran gehindert, beim Religionsunterricht dem Pfarrer einen bösen Streich zu spielen; er hat ihm nämlich einen Reißnagel auf den Stuhl gelegt.«

»Sehr schön!«, lobt der Vater. »Und wie hast du den Streich verhindert?«

»Gerade im letzten Augenblick, als sich der Pfarrer setzen wollte, habe ich den Stuhl weggezogen!«

Brief aus dem Mädchenpensionat:

»Liebe Eltern, obwohl das Essen hier alles andere als gut ist, nehme ich ständig zu. Wenn die Waage am Hauptbahnhof stimmt, wiege ich nackt 65 Kilo.«

Steht in kindlicher Schrift auf einem Kondomautomaten gekritzelt:

»Das ist der ekelhafteste Kaugummi, den ich jemals probiert habe.«

Der kleine Udo schaut durchs Schlüsselloch in das Zimmer der Hausangestellten. Sagt die Mutter zu ihm: »Lass das! Es geht dich nichts an, was Bianca macht.«

»Ich will ja auch nur sehen, was der Papa macht!«

Hansi kommt ins Schlafzimmer und sieht, wie Mami stöhnend auf Papa reitet.

Sagt die Mutter: »Ich massiere Papa gerade den Bauch weg!«

Meint Hansi: »Das nützt nichts! Jeden Dienstag kommt die Nachbarin und bläst ihn wieder auf!«

Der Opa geht mit seinem Enkel spazieren. Sie gehen über eine Wiese. Der Opa rupft sich einen Grashalm ab, steckt ihn sich in den Mund und preist ihn als Wunder der Schöpfung.

Daraufhin sagt er zu seinem Enkel: »Probier auch mal, du kannst die Kraft der Natur sogar schmecken!«

Da sagt der Enkel: »Opa, ich glaube, wir kriegen ein Auto.«

Der Großvater ist entsetzt, er preist die Schönheit der Natur, und der Kleine denkt nur an Autos: »Du solltest dich schämen – und außerdem kann sich dein Vater gar kein Auto leisten.«

Der Kleine weiß es aber besser. »Doch. Papa hat gesagt, wenn Opa ins Gras beißt, dann kriegen wir ein Auto!«

»Sitzt, wackelt und hat Luft« –
Über die schönste Haarfarbe der Welt

Drei Blondinen wollen in der Wüste picknicken und überlegen, was sie alles mitnehmen wollen.
Sagt die Erste: »Ich nehme etwas zu essen mit, damit wir nicht verhungern.«
Sagt die Zweite: »Ich nehme etwas zu trinken mit, damit wir nicht verdursten.«
Sagt die Dritte: »Und ich nehme eine Autotür mit.«
Fragen die anderen: »Warum denn das?«
»Ja«, sagt die dritte, »dann kann ich das Fenster herunter drehen, wenn es zu warm wird.«

Gucken zwei Blondinen einen Western, in dem ein Cowboy auf ein riesiges Kakteenfeld zureitet!
»Ich wette mit dir um 10 Euro, dass der da durchreitet«, sagt die eine.
»Ich wette, der reitet da nicht durch«, sagt die andere.
Der Cowboy reitet durch.
Sagt die Erste: »Schon gut! Kannst dein Geld behalten! Ich hab den Film schon mal gesehen!«
Sagt die Zweite: »Ich auch! Aber ich hätte nicht gedacht, dass er noch mal durchreitet!«

Eine hübsche Blondine fährt auf einer kleinen Landstraße in ihrem neuen Sportwagen, als plötzlich der Motor streikt. Glücklicherweise sieht sie in der Nähe ein Bauernhaus stehen. Sie klopft.

Als der Bauer öffnet, sagt sie: »Können Sie mir bitte helfen? Mein Auto fährt nicht mehr, und es ist Sonntagnacht. Kann ich bis morgen bei Ihnen bleiben, dann kann ich Hilfe holen?«

Ganz langsam sagt der Bauer: »Na gut, Sie können hierbleiben, aber ich will nicht, dass Sie irgendwas mit meinen beiden Söhnen, Joseph und Ludwig, anfangen ...«

Da schaut die Blondine durch die Tür, sieht zwei junge Männer, so um die zwanzig Jahre alt, hinter dem Bauern stehen. »Geht in Ordnung«, sagt sie.

Nachdem alle zu Bett gegangen sind, denkt die Blondine über die zwei Burschen nach. Leise steht sie auf und schleicht in deren Zimmer. »Jungs, soll ich euch mal die Wege des Lebens zeigen?«

»Was?? Äh, na klar!«

»Jungs, ich will nicht schwanger werden, deswegen müsst ihr diese Kondome tragen.«

Also legt sie ihnen die Dinger an und es geht die ganze Nacht zur Sache.

Vierzig Jahre später sitzen Joseph und Ludwig in ihren Schaukelstühlen und schaukeln vor sich hin.

»Ludwig?«

»Ja, Joseph?«

»Kannst du dich noch an die Blondine erinnern, die vor vierzig Jahren hier vorbeikam und uns die Wege des Lebens zeigte?«

»Ja«, sagt Ludwig, »an die kann ich mich noch erinnern.«

»Und macht es dir was aus, wenn sie schwanger wird?«, fragt Joseph.

»Nö, macht mir nix aus«, erwidert Ludwig.

»Mir auch nicht«, sagt Joseph, »lass uns die Dinger einfach abnehmen.«

Warum können Blondinen nicht ertrinken?
Weil Hohlkörper immer oben schwimmen.

Wieso können Blondinen kein BSE bekommen?
Weil es eine Gehirnkrankheit ist.

Eine Blondine ruft in heller Aufregung bei der Feuerwehr an:
»Schnell, kommen Sie, mein Haus brennt!«
»Wie kommen wir zu Ihnen?«
»Ja, wie? Haben Sie denn die großen, roten Autos nicht mehr?«

Im Schuhgeschäft sagt eine Blondine:
»Der linke Stiefel ist aber sehr groß.«
Daraufhin der Verkäufer: »Sie stehen mit dem Fuß im Schuhkarton!«

Warum nehmen Blondinen immer ein Stück Brot mit auf die Toilette?
Weil sie die WC-Ente füttern wollen.

Ein Chinese kommt mit einer Blondine aus der Bäckerei. Was ist falsch gelaufen?
Die Verkäuferin: »Was darf es sein?«
Der Chinese: »Bitte ein kleines Blödchen ...«

Ein Blinder kommt aus Versehen in eine Bar nur für Damen. Er findet seinen Weg zu einem Barhocker und bestellt einen Drink. Nachdem er eine Weile sitzt, fragt er den Barkeeper: »He, soll ich dir einen Blondinenwitz erzählen?«
In der Bar wird es absolut totenstill und mit tiefer Stimme sagt seine Nachbarin: »Bevor Sie den Witz erzählen, ist es nur fair – weil Sie blind sind –, dass Sie fünf Dinge wissen: Die Barfrau ist eine Blondine. Der Rausschmeißer ist eine Blondine. Ich bin eine 1,80 große, 120 Kilo schwere, blonde Frau, mit dem schwarzen Gürtel in Karate. Die blonde Frau neben mir ist professionelle Gewichtheberin. Die ebenfalls blonde Frau zu Ihrer Rechten ist professionelle Ringkämpferin. Nun, denken Sie ernsthaft nach, mein Herr. Wollen Sie immer noch diesen Witz erzählen?«
Der blinde Mann denkt eine Sekunde nach, schüttelt seinen Kopf und sagt: »Nee ... nicht wenn ich ihn fünfmal erklären muss.«

Eine Blondine hat sich beide Ohren verbrannt.

»Wie ist das denn passiert?«, will der herbeigeeilte Arzt wissen.

»Nun, ich war gerade beim Bügeln, als das Telefon klingelte, und dann habe ich aus Versehen das Bügeleisen ans Ohr gehoben.«

»Ja, aber wie haben Sie sich dann das andere auch noch verbrannt?«, fragt der Arzt weiter.

»Nun, das ist mir passiert, als ich Sie anrufen wollte!«

Eine Gruppe Blondinen besucht eine Show mit einem Bauchredner. Dieser bringt mehrere Blondinenwitze. Irgendwann reicht es einer der Blondinen und sie schreit zur Bühne:

»Lassen Sie Ihre blöden Witze über Blondinen stecken! Wir Blonden sind nämlich gar nicht so doof, wie Sie tun!«

Darauf der Bauchredner: »So beruhigen Sie sich doch, meine Dame! Das ist doch nur Spaß!«

Blondine: »Mit Ihnen rede ich gar nicht! Ich meine den kleinen Mistkerl, der auf Ihrem Knie sitzt!«

Unterhalten sich zwei Blondinen:

»Was, denkst du, ist weiter weg, Tokio oder der Mond?«

»Ist doch klar – Tokio!«

»Und wie kommst du darauf?«

»Na, kannst du Tokio von hier aus sehen!?«

Eine Brünette, eine Rothaarige und eine Blondine haben Schiffbruch auf einer einsamen Felseninsel erlitten. Das rettende Festland ist in Sichtweite und 10 km entfernt. Als die wenige Nahrung aufgezehrt ist, fasst sich die Brünette ein Herz und schwimmt los. Doch schon nach 2 km lässt ihre Kraft nach und nach 3 km ertrinkt sie.

Kurze Zeit später ist auch die kräftigere Rothaarige bereit, zum Festland aufzubrechen, um hier nicht zu verhungern. Sie schwimmt also los, wird aber nach 5 km schwächer und ertrinkt kurz danach ebenfalls.

Der Blondine ist es allein auf der Insel zu langweilig und so schwimmt sie ebenfalls los. Sie schwimmt 2 km … 5 km … 7 km. Nach 9 km merkt sie aber, dass sie schwächer wird und sagt sich: »Bevor ich auch noch ertrinke, drehe ich lieber wieder um!« und schwimmt zurück.

Eine Blondine ist durch die Führerscheinprüfung gefallen und heult sich bei ihrer blonden Freundin aus.

Diese fragt: »Wie ist denn das passiert?«

Darauf die andere: »Keine Ahnung, zuerst kam ein 30-Schild vor einem Kreisverkehr. Dann bin ich 30 Runden im Kreis gefahren. Danach sollte ich rechts ran fahren und der Prüfer erklärte mir, dass ich durchgefallen bin.«

Antwortet die Freundin: »Na ja, da kannst du dich nur verzählt haben!«

Eine Blondine hat es satt, für blöd gehalten zu werden. Sie lässt sich die Haare braun färben und lernt Kopfrechnen. Eines Tages trifft sie einen Schäfer und fragt ihn: »Wenn ich errate, wie viele Schafe deine Herde hat, darf ich dann eines davon behalten?«

Der Schäfer überblickt lächelnd seine riesengroße Herde und willigt ein. Darauf rechnet die Blondine und rechnet und sagt schließlich: »367.«

Der Schäfer ist verblüfft über die korrekte Antwort. Die gefärbte Blondine sucht sich ein Schaf aus der Herde aus und will gehen. Darauf sagt der Schäfer: »Wenn ich deine echte Haarfarbe errate, kriege ich dann meinen Schäferhund zurück?«

Warum essen Blondinen ihren Pudding sofort vorm Kühlregal im Supermarkt?

Weil auf dem Becher steht: »Hier öffnen!«

Weshalb mögen Blondinen keine Apfelsinen?

Weil sie stets vergeblich nach dem Reißverschluss suchen.

Eine Blondine sitzt auf dem Computer und schreibt in ein kleines Büchlein. Kommt eine andere Blondine dazu und fragt: »Warum sitzt du auf dem Computer?«

Die andere: »Mein Mann hat gesagt, ich soll in Zukunft mein Haushaltsbuch auf dem Computer führen.«

Warum laufen Blondinen beim Duschen andauernd hin und her?
Weil auf Ihrem Shampoo steht: »Wash and Go«.

Woran erkennt man, dass ein Fax von einer Blondine gesendet wurde?
An der Briefmarke.

Zwei Blondinen sitzen im Auto und fahren an einer Wiese vorbei, wo doch glatt eine andere Blondine im Gras versucht mit ihrem Boot zu rudern!
»Das gibt's ja nicht«, sagt die erste Blondine im Auto.
»Solche wie diese sind es, die unseren Ruf ruinieren!«
»Ja. Genau!«, erwidert die zweite Blondine im Auto.
»Und wenn ich schwimmen könnte, würde ich ihr dafür eine reinhauen!«

Gehen zwei Blondinen spazieren. Auf einmal bleibt eine stehen und hebt eine Geldbörse auf. Beide schauen in die Geldbörse, und plötzlich wirft eine Blondine die Geldbörse wieder weg. Da fragt die andere:
»Warum wirfst du die Geldbörse wieder weg?«
Da antwortet die andere Blondine:
»Mann, bist du blöd, hast du schon einmal einen 50-Euro-Schein mit zwei Nullen gesehen?«

Warum wirft eine Blondine Steine ins Wasser?
Weil auf einem Schild steht: »Deutsche Werft«.

Zwei Blondinen gehen spazieren. Da findet die eine einen
Spiegel, schaut hinein und sagt: »Die kenne ich doch!«
Darauf die andere: »Zeig mal her! Na klar, du blöde Kuh,
das bin ja auch ich!«

Wie kommt eine Blondine vom Baum?
Sie steigt auf ein Blatt und wartet, bis der Herbst
kommt.

Eine Blondine zur anderen: »Dieses Jahr fällt Weihnachten auf einen Freitag.«
Sagt die andere: »Hoffentlich nicht auf den 13.!«

Sitzt eine Blondine auf einer Schranke. Da kommt der
Bahnhofsvorsteher und fragt sie: »Was machen Sie denn
auf der Schranke?«
»Ich will die Höhe abmessen!«
»Wieso kommen Sie nicht runter und messen, wenn die
Schranke zu ist?«
»Ich will ja die Höhe und nicht die Breite!«

17 Blondinen stehen wartend vor dem Kino. Kommt 'ne andere Blondine vorbei. Sagt eine von den 17:
»Hast du nicht Lust, mit ins Kino zu gehen? Der Film ist erst ab 18 …«

Zwei Blondinen versuchen mit einem Draht ihr Auto zu öffnen. Sagt die eine:
»Mach mal vorwärts, es beginnt zu regnen und das Verdeck ist noch offen!«

Ein Mann bittet eine Blondine, einmal nachzuschauen, ob der Blinker seines Wagens noch funktioniert. Die Blondine stellt sich hinter den Wagen und meint:
»Ja … nein … ja … nein … ja …«

Was ist eine Blondine mit schwarz gefärbten Haaren?
Künstliche Intelligenz!

Eine Blondine zieht auf der Straße einen Strohballen hinter sich her.
Ein Passant fragt verwundert:
»Warum ziehen Sie denn den Strohballen hinter sich her?«
Die Blondine erwidert:
»Man kann ja nicht alles im Kopf haben!«

Wie kann man eine Blondine in den Wahnsinn treiben? Man schickt sie in ein rundes Zimmer und sagt zu ihr: »In der Ecke liegt ein Tausender.«

Ein Polizist erwischt eine Blondine als Geisterfahrerin auf der Autobahn. »Wussten Sie nicht, wohin Sie fuhren?« »Nein, aber wohin es auch ging, es muss scheußlich da gewesen sein, weil die anderen alle wieder zurückfuhren.«

Eine Blondine empört sich: »Da hielt doch gestern plötzlich so ein widerlicher Kerl in einem Sportwagen neben mir und wollte mich auf eine Spazierfahrt einladen. So ein blöder Kerl! Du, aber er hatte eine sehr schöne Wohnung.«

Eine Blondine fragt ihre Freundin: »Sag mal, wie schreibt man nach dem neuen Duden denn BLUNA?«
Antwortet die Freundin: »Wieso Bluna? Natürlich wie immer!«
Die Blondine: »Ach wirklich, I.M.M.E.R.?«

Eine Blondine mit einem Frosch auf dem Kopf kommt zum Arzt. Der Arzt fragt sie: »Wie ist denn das passiert?«
Daraufhin antwortet der Frosch: »Ich weiß auch nicht, es hat mit einem Pickel am Arsch angefangen …«

Eine Blondine zur anderen: »Ich habe jetzt ein Nummernschloss an meiner Tasche, die Nummer besteht aus vier Fünfen, aber ich sage nicht, in welcher Reihenfolge.«

Warum haben die Blondinen immer die Hose voll, wenn sie ein Geschäft betreten?
Weil an der Tür »Drücken« steht.

Was machen Blondinen, wenn sie frieren?
Sie stellen sich in die Ecke, da hat es 90 Grad.

Warum können Blondinen keine Bretzen essen?
Weil sie den Knoten nicht aufbekommen.

Treffen sich zwei Blondinen. Sagt die eine: »Ich weiß, dass mein Freund mir heute Abend einen Riesenstrauß roter Rosen mitbringt. Da kann ich wieder die Beine breit machen.«
Sagt die andere: »Wieso, habt ihr keine Vasen?«

Warum trinken dicke Blondinen jeden Tag ein Glas Spülmittel?
Weil es das kleine Wunder gegen Fett ist.

Unterhalten sich zwei Blondinen. Sagt die eine: »Habe gestern einen Schwangerschaftstest gemacht.«
Meint die andere: »Und? Waren die Fragen schwer?«

Wie versucht eine Blondine einen Fisch umzubringen?
Sie ersäuft ihn.

Wie viele Blondinen braucht man, um einen Schokoladenkuchen zu backen?
Drei – eine rührt, die anderen zwei schälen die Smarties!

Wie viele Blondinen braucht man, um eine Glühbirne zu wechseln? Fünf – eine hält die Birne, und die anderen vier drehen den Tisch.

Eine Blondine ruft ihren Freund im Büro an: »Schatz, ich habe hier ein Puzzle, aber ich kann's nicht. Jedes Teil gleicht dem anderen.«
Darauf der Freund: »Hast du eine Vorlage?«
»Ja, auf der Schachtel ist ein roter Hahn. Aber es klappt trotzdem nicht.«
Der Freund: »Reg dich nicht auf, wir versuchen es heute Abend zusammen.«
Am Abend sieht er sich die Schachtel an. Großes Schweigen. Dann sagt er: »So, jetzt packen wir die Cornflakes wieder ein und reden nicht mehr darüber!«

»Wieso ins Bett?« –
Über das starke Geschlecht
und schwache Momente

Warum haben Männer O-Beine?
Weil alles Unwichtige in Klammern steht.

Was ist der Unterschied zwischen einem Mann und einem Q?
Es gibt keinen. Männer sind auch Nullen mit einem Schwänzchen.

Sie:
»Mein neuer Arzt ist phantastisch! Er hat mir gesagt, was für eine schöne Haut ich als Fünfzigjährige habe! Und was für sensationelle Brüste ich habe als Fünfzigjährige! Und was für tolle Beine als Fünfzigjährige!«
Unterbricht ihr Mann sie:
»Und was hat er zu deinem fünfzigjährigen Arsch gesagt?«
»Ach, von dir haben wir ja überhaupt nicht gesprochen!«

Eine Frau begleitet ihren Ehemann zum Arzt. Nach der Untersuchung ruft der Arzt die Ehefrau allein in sein Zimmer und sagt: »Ihr Ehemann ist in einer schrecklichen Verfassung, er leidet unter einer sehr schweren Krankheit, die mit Stress verbunden ist. Sie müssen meinen Anweisungen folgen, oder er wird sterben: Machen Sie ihm jeden Morgen ein nahrhaftes Frühstück. Zum Mittagessen geben Sie ihm ein gutes Essen, das er mit zur Arbeit nehmen kann, und am Abend kochen Sie ihm ein wirklich wohlschmeckendes Abendessen. Nerven Sie ihn nicht mit Alltäglichem und Kleinigkeiten, die seinen Stress noch verschlimmern könnten. Besprechen Sie keine Probleme mit ihm. Versuchen Sie ihn zu entspannen und massieren Sie ihn häufig. Er soll vor allem viel Teamsport im Fernsehen ansehen und am wichtigsten, befriedigen Sie ihn komplett mehrmals die Woche sexuell. Wenn Sie das die nächsten zehn Monate tun, wird er wieder ganz gesund werden.«

Auf dem Weg nach Hause fragt ihr Ehemann: »Und was hat der Arzt dir gesagt?«

»Dass du sterben wirst«, antwortet die Frau trocken.

Warum können die meisten Frauen nicht einparken?
Weil ihnen die Männer 5 cm als 30 cm verkaufen.

Eine Schlagzeile auf dem Titelbild der Zeitschrift *SCHÖNER WOHNEN*:
»FRAU WARF MANN AUS DEM FENSTER!«

Wenn der Verstand kommt, müssen die Haare weichen, das weiß jeder!
Bei Männern muss die Glatzenbildung eine andere Ursache haben.

Wer hat den kleinsten Garten der Welt?
Die Männer, zwei Kartoffeln und eine Möhre.

Was macht die kluge Hausfrau, wenn ihr Mann beim Kartoffelholen die Kellertreppe hinunterfällt und sich das Genick bricht?
NUDELN!

In der Buchhandlung.
Mann: »Ich suche das Buch ›Der Mann, das starke Geschlecht‹, haben Sie das da?«
Verkäuferin: »Schauen Sie mal hinten links, in der Märchenabteilung ...«

Ein Ehemann überrascht seine Frau mit einem anderen Mann im Bett.
Darauf er: »Was macht ihr denn da?«
Seine Frau: »Hab dir doch gesagt, dass er keine Ahnung davon hat!«

Eine Ehefrau sieht ihren Mann die Koffer packen und fragt ihn, was das denn solle.

Sagt der Mann: »Ich habe gelesen, dass man auf einer Insel im Indischen Ozean für jedes Mal Sex mit einer Frau 25 Euro bekommt. Da fliege ich jetzt hin.«

Die Ehefrau fängt an, ebenfalls einen Koffer zu packen. Fragt der Mann, was das nun solle.

Sagt die Frau: »Ich komme mit. Ich möchte sehen, wie du mit 25 Euro im Monat auskommst.«

Männer sind wie öffentliche Toiletten: entweder besetzt oder beschissen.

Was ist der Unterschied zwischen Männern und Schweinen?

Schweine werden nicht zu Männern, wenn sie betrunken sind.

Warum sind Männer wie Zähne?

Man bekommt sie mühsam, und wenn man sie hat, bereiten sie einem zuweilen Schmerzen, und wenn man sie los ist, hinterlassen sie eine Lücke.

Warum haben Männer keinen Busen?

Sie können die Doppelbelastung nicht ertragen.

Frau Müller liest ihrem Mann Folgendes aus der Zeitung vor:

»Die Polizei sucht einen großen blonden Mann um die dreißig, der Frauen belästigt!«

Er: »Meinst du wirklich, dass das der richtige Job für mich ist?«

Was weiß man auf den ersten Blick, wenn man einen gut gekleideten Mann trifft?

Seine Frau hat einen guten Geschmack, was die Auswahl der Kleider betrifft.

Ein Mann in der Bibliothek:

»Ich habe mir hier letzte Woche das langweiligste Buch ausgeliehen, das ich jemals gelesen habe. Es gab so gut wie keine Handlung und viel zu viele Personen.«

Darauf die Bibliothekarin: »Ach, Sie müssen derjenige sein, der letzte Woche das Telefonbuch mitgenommen hat!«

Warum können Männer nie länger als 5 Minuten in der Badewanne bleiben?

Nach 5 Minuten werden die Eier hart, und nach 6 Minuten platzt das Würstchen.

Ein Mann fährt eine steile Bergstraße hinauf.
Eine Frau fährt dieselbe Straße hinunter.
Als sie sich begegnen, lehnt sich die Frau aus dem Fenster und schreit: »SCHWEIN!!«
Der Mann schreit sofort zurück: »HEXE!!«
Beide fahren weiter. Als der Mann um die nächste Kurve biegt, rammt er ein Schwein, das mitten auf der Straße steht. Wenn Männer doch nur zuhören würden!

Wissenschaftler haben festgestellt, dass Menschen, die andauernd andere unterbrechen und immer recht haben wollen, eine kürzere Lebenserwartung haben als andere. Wissen Sie übrigens, wie die Wissenschaft solche Menschen nennt?
MÄNNER!

»Ein Wunder, ein Wunder«, lallt der Mann und weckt seine Frau auf. »Als ich eben ins Badezimmer gegangen bin, ging automatisch das Licht an, ohne dass ich auf den Schalter gedrückt habe. Und dann, als ich fertig war, ging das Licht wieder aus – wie von Geisterhand! Ein echtes Wunder!«
»Tolles Wunder«, murmelt die Frau im Halbschlaf, »du hast mal wieder in den Kühlschrank gepinkelt.«

Hast du etwas gegen Männer?
Leider nichts Wirksames.

In der Tangobar.
Sie: »Sagen Sie, sind Sie für diesen Tanz noch frei?«
Er: »Allerdings, wenn Sie wollen …«
Sie: »Würden Sie dann wohl so freundlich sein und solange mein Glas halten?«

Kommt ein Mann in den Baumarkt.
Mann: »Guten Tag, ich möchte mich beschweren.«
Verkäuferin: »Ja, bitte?«
Mann: »Ich habe letzte Woche diese Motorsäge gekauft, und die funktioniert nicht.«
Verkäuferin: »Was ist denn damit?«
Mann: »Damit schafft man am Tag ja höchstens zwei Bäume.«
Verkäuferin: »Das kann natürlich nicht sein. Lassen Sie mich mal sehen.« Die Verkäuferin betätigt den Anlasser, die Säge heult auf: »Rammmmtamtam.«
Mann: »Huch, was ist denn das für ein Geräusch?«

Treffen sich drei Stammtischbrüder.
Sagt der Erste: »Meine Frau ist vielleicht dumm – kauft sich einen Herd und kann überhaupt nicht kochen!«
Sagt der Zweite: »Meine ist noch blöder – kauft sich ein Auto und hat überhaupt keinen Führerschein!«
Meldet sich der Dritte: »Meine ist die dümmste – fliegt nach Paris übers Wochenende, kauft sich vorher 50 Kondome und hat überhaupt keinen Schwanz!«

Wie sortieren Männer ihre Wäsche?
In zwei Stapeln: »dreckig« und »dreckig, aber tragbar«.

Eine graue Zelle kommt per Zufall in das Gehirn eines Mannes. Alles ist dunkel, leer, ohne Leben … »Huhu!«, ruft die graue Zelle. Keine Antwort. »Huhu«, wiederholt die graue Zelle. Da erscheint plötzlich eine andere graue Zelle und fragt: »Was machst du denn alleine hier, komm mit, wir sind alle unten …«

»Läuft Ihr Mann auch dauernd den Mädchen nach?«
»Ja, aber seit seiner Pensionierung schafft er es nur noch, wenn es bergab geht.«

»Du, Egon, warum ist eigentlich deine Verlobung mit Karin in die Brüche gegangen?«
»Nur weil ich sagte, dass ihre Strumpfhose Falten hätte!«
»Aber das ist doch keine Beleidigung!«
»Doch, sie hatte nämlich gar keine an!«

Warum haben so viele Männer einen Bierbauch?
Damit der arbeitslose Zwerg ein Dach über dem Kopf hat.

Welches ist das faulste Teil eines Mannes?
Sein Geschlechtsteil. Es hängt nur rum. Wenn es mal arbeiten soll, muss man es schieben, und muss er mal arbeiten, kotzt er!!

Immer mehr Männer sind nicht gut genug krankenversichert! Ein junger Medizinstudent macht mit einem Arzt seinen ersten Rundgang durch ein Krankenhaus. Als sie an einem Zimmer vorbeigehen, sieht er, wie ein Mann ununterbrochen masturbiert.
»Was ist denn mit DEM los?«, fragt der Student.
»Tja, sein Problem ist, dass seine Eier viel zu viele Spermien produzieren. Wenn er aufhört zu wichsen, explodieren sie.«
»Wow!«, denkt sich der Student. Ein bisschen weiter den Gang hinunter schaut er in ein Zimmer und sieht, wie eine Krankenschwester mit einem Patienten auf dem Bett liegt und ihn oral befriedigt.
»Was hat denn DER?«, fragt der Student.
Der Arzt antwortet: »Gleiches Problem, bessere Versicherung …«

»Es ist doch immer wieder erstaunlich, dass die hübschesten Mädchen die größten Idioten heiraten!«, sagt der Ehemann zu seiner Frau.
»Ach Liebling, das ist das schönste Kompliment seit Jahren!«

Seit Jahrhunderten stehen sich im Park zwei Statuen gegenüber: ein junger Römer und eine Göttin, beide nackt. Da erscheint eines Tages eine gute Fee und erfüllt den beiden ihren größten Wunsch – sie dürfen für einige Stunden ihre Sockel verlassen. Die beiden verschwinden im Gebüsch. Rascheln, Flüstern, Kichern.

»Wir haben noch zehn Minuten«, japst er schließlich.

»Gut. Dann hältst du jetzt die Tauben fest, und ich scheiße drauf!«

Warum ist ein Mann wie ein Schneesturm?

Keiner weiß, wann er kommt, wie viel Zentimeter er bringt und wie lange es dauert.

Woran erkennt man, dass Männer Rinderwahnsinn haben?

Wenn sie mit dem Schwanz nach Mücken schlagen.

Sie: »Musst du eigentlich jeden Abend so spät von der Kneipe nach Hause kommen?«

Er: »Nein – das tue ich freiwillig.«

Der blonde Erfinder möchte gern ein Patent auf seine Solartaschenlampe anmelden …

Eine Frau setzte sich auf eine Parkbank und ruhte sich von einem langen Bummel durch die Stadt aus. Etwas später kam ein Penner und sagte zu ihr: »Hallo, Schatz, wie wär's mit einem kleinen Spaziergang zu zweit?«

»Wie können Sie es wagen?«, empörte sich die Frau, »ich bin nicht eines von Ihren Flittchen.«

»Also«, sagte der Penner, »was machst du dann in meinem Bett?«

In einer großen teuren Bank. Ein Mann kommt rein und geht an einen der freien Schalter. Eine durchgestylte, arrogant blickende Bankangestellte bedient ihn: »Guten Tag, was kann ich für Sie tun?«

»Ich will ein Scheißkonto eröffnen.«

»Wie bitte? Ich glaube, ich habe Sie nicht verstanden!«

»Was gibt's da zu verstehen, ich will in Ihrer Drecksbank einfach nur ein beschissenes Konto eröffnen!«

»Entschuldigen Sie, Sie sollten wirklich nicht in diesem Ton mit mir reden!«

»Hör zu, Puppe, ich will nicht mit dir reden, ich will, verdammt noch mal, nur ein Scheißkonto eröffnen!«

»Ich werde jetzt den Manager holen ...«

Der Manager versucht die Wogen zu glätten: »Guten Tag, der Herr, was für ein Problem gibt es?«

»Es gibt kein verdammtes Problem, ich hab 20 Millionen im Lotto gewonnen und will dafür hier nur ein blödes Konto eröffnen!«

Manager: »Aha, und die Schlampe hier macht Ihnen Schwierigkeiten?«

Zwei Polizisten finden eine Leiche vor dem Gymnasium.

Fragt der eine den anderen: »Du, wie schreibt man Gymnasium?«

Der andere überlegt und sagt schließlich: »Schleppen wir sie vor die Post!«

Ein Ehepaar streitet sich.

»Schrei du nur«, brummt er, »das geht bei mir zum einen Ohr rein und zum anderen wieder raus.«

»Kein Wunder«, faucht sie, »es ist ja auch nichts dazwischen, was es aufhalten könnte.«

Warum sind Junggesellen schlanker als Ehemänner?

Der Junggeselle kommt abends nach Hause, schaut in den Kühlschrank, da ist nichts Ordentliches drin, und geht ins Bett.

Der Ehemann kommt abends nach Hause, schaut ins Bett, da ist nichts Ordentliches drin, und geht an den Kühlschrank.

Zwei Kumpel in der Kneipe.

»Heute möchte ich was essen, was ich noch nie gehabt habe«, meint der Erste.

Entgegnet der andere: »Dann bestell Hirn.«

Ein Mann findet eine alte Flasche und öffnet sie.

Beim Öffnen kommt ein Geist heraus. »Du darfst dir etwas wünschen, weil du mich befreit hast«, sagt der Geist.

Darauf der Mann: »Ich wünsche mir eine Autobahn von Europa nach Amerika.«

»Oh, das ist unmöglich«, sagt der Flaschengeist, »denk nur mal an die Mengen von Beton und an die Probleme, die mit den Umweltschützern entstehen. Hast du keinen anderen Wunsch, den ich dir erfüllen könnte?«

»Dann wünsche ich mir, dass ich die Frauen besser verstehen lerne«, sagt der Mann.

Darauf der Geist: »Soll ich die Autobahn zwei- oder dreispurig machen?«

Neueste Untersuchungen haben ergeben, dass Bier weibliche Hormone enthält, die bewirken, dass Männer zu Frauen werden.

Den 50 männlichen Testpersonen wurden jeweils 5 Liter Bier zugeführt.

Danach begannen 100 Prozent der Kandidaten unsinniges Zeug zu reden, konnten nicht mehr vernünftig Auto fahren, argumentierten irrational, weigerten sich, Fehler einzugestehen, wurden übertrieben emotional und mussten sich zum Pinkeln hinsetzen.

Drei Frauen stehen an einem Fluss. Da kommt eine Fee und schenkt jeder Frau einen Wunsch.

Die erste Frau: »Ich möchte eine Eigenschaft, um diesen Fluss überqueren zu können.« BLINK, und sie kann schwimmen.

Die zweite Frau: »Ich möchte einen Gegenstand haben, um diesen Fluss zu überqueren.« BLINK, und sie bekommt ein Ruderboot.

Die dritte Frau: »Ich möchte, ohne mich groß anstrengen zu müssen, über diesen Fluss kommen.« BLINK, sie wird zu einem Mann und geht über die Brücke.

»Verbesserung des Betriebsklimas ...« –
Über nervige Chefs und lästige Kollegen

Ein Unternehmer zum anderen:
»Wie machst du das nur, dass deine Arbeiter immer so pünktlich kommen?«
»Einfacher Trick: 30 Leute, aber nur 20 Parkplätze!«

Der neue Azubi steht ratlos vor dem Reißwolf. »Kann ich helfen?«, fragt der Chef.
»Ja, wie funktioniert das Ding hier?«, will der Azubi wissen.
»Ganz einfach!«
Der Chef nimmt das Bündel und steckt es in die Maschine.
»Danke«, lächelt der Azubi erleichtert, »und wo kommen die Kopien raus?«

Chef zum verspäteten Mitarbeiter: »Sie kommen diese Woche schon zum vierten Mal zu spät! Was schließen Sie daraus?«
»Heute ist Donnerstag!«

Personalchef: »Was können Sie denn?«
Bewerber: »Gar nichts.«
Personalchef: »Tut mir leid, die gut bezahlten Posten sind schon alle weg.«

»Wie schaffen Sie es eigentlich, an einem einzigen Tag so viel falsch zu machen?«
»Ich stehe halt früh auf, Herr Direktor.«

Holger will eine Gehaltserhöhung von seinem Chef.
Als er ihn auf dem Flur trifft, spricht er ihn an: »Ich möchte gerne mal mit Ihnen sprechen.«
»Machen Sie einen Termin mit meiner Sekretärin aus«, wimmelt ihn der Boss ab.
»Das habe ich ja und wir hatten ein paar schöne Wochenenden. Aber jetzt muss ich Sie wirklich selbst sprechen.«

Ein Mann beim Vorstellungsgespräch.
Mann: »Wie viel verdiene ich da denn so?«
Chef: »Oh, so ungefähr 500 Euro im Monat.«
Mann: »Das ist aber wenig.«
Chef: »Das wird aber später mehr!«
Mann: »Och, dann komm ich später noch mal wieder!«

Der Chef zur Sekretärin: »Schreiben Sie ›Streng vertraulich‹ darüber. Ich möchte sicher sein, dass es wirklich jeder liest.«

»Warum stellen Sie in Ihrem Betrieb nur verheiratete Männer ein?«
»Die reagieren nicht so gereizt, wenn sie mal angebrüllt werden.«

Der Chef fragt den Angestellten: »Glauben Sie an ein Leben nach dem Tod?«
Dieser antwortet verdutzt: »Ja …«
Chef: »Das erklärt alles … Kurz nachdem Sie gestern zur Beerdigung Ihres Vaters gegangen waren, ist er gekommen und hat nach Ihnen gefragt!«

Der Chef sagt zu seinem Angestellten: »Fischer, Sie sehen in der letzten Zeit so überarbeitet aus – machen Sie weiter so!«
Am nächsten Tag piesackt er ihn weiter: »Fischer, ich weiß, dass Ihr Gehalt nicht reicht, um zu heiraten. Aber eines Tages werden Sie mir dankbar sein.«

»Mein Mann hat jetzt Prokura.«
»Und was sagt der Arzt dazu?«

»Chef, darf ich heute zwei Stunden früher Schluss machen? Meine Frau will mit mir einkaufen gehen.«

»Kommt gar nicht in Frage.«

»Vielen Dank, Chef, ich wusste, Sie würden mich nicht im Stich lassen.«

In einem Ministerium wurde ein neuer Mitarbeiter zum Aktenabstempeln gesucht, und da bei manchen Formularen bis zu zehn Stempel notwendig sind, war die wesentliche Qualifikation, dass der Bewerber bis 10 zählen konnte. Der erste Bewerber kommt herein, setzt sich, wird vom Personalleiter gefragt, ob er bis 10 zählen könne. Darauf dieser: »Selbstverständlich! 10, 9, 8, 7, 6, 5, 4, 3, 2, 1, 0.«

»Schön und gut, aber können Sie das nicht auch andersherum, so richtig von 1 bis 10?«

»Nein, weil ich vorher bei der NASA war, da haben wir immer so gezählt und jetzt will ich nicht mehr umlernen.«

»Nicht geeignet! – Auf Wiedersehen, der Nächste bitte.«

Der zweite Bewerber auf die Frage, ob er denn bis 10 zählen könne: »Na klar, 1, 3, 5, 7, 9, 10, 8, 6, 4, 2!«

»Ja, aber können Sie denn nicht von 1 bis 10 zählen so wie jeder andere auch?«

»Nein, weil ich vorher bei der Post war, da haben wir das immer so gemacht, die ungeraden Hausnummern in die eine Richtung, die geraden Hausnummern am Rückweg.«

»Danke, Wiedersehen. Der Nächste!«

Personalleiter fragt wieder: »Können Sie bis 10 zählen?«

Der dritte Kandidat sagt: »Sicher, 1, 2, 3, 4, 5, 6, 7, 8, 9, 10.«

»Toll, wo haben Sie denn vorher gearbeitet?«

»Na, bei der Deutschen Telekom.«

»Bei der Telekom? Also das überrascht mich wirklich. Sagen Sie, nicht dass das notwendig wäre, aber können Sie auch noch weiter als bis 10 zählen?«

»Na klar! Bube, Dame, König, As!«

Ein Beamter hat in seinem Büro seine Wände neu tapeziert bekommen. Das Muster sind Blümchen. Seine Frau kommt vorbei und meint: »Oh, was für eine wunderschöne Tapete du da hast. So viele Blümchen!«

»Ja«, antwortet der Beamte lächelnd, »es sind genau 26 897 Stück.«

Treffen sich zwei Beamte.

Sagt der eine: »Ich habe gestern drei Überstunden gemacht!«

Sagt der andere: »So? Was habt ihr denn gefeiert?«

»Seit wann arbeiten Sie denn bei der Firma?«

»Seit der Chef mir angedroht hat, mich sonst zu entlassen.«

Chef zur Sekretärin: »Was steht diese Woche auf meinem Terminplan?«

»Montag, Dienstag, Mittwoch …«

»Erlauben Sie mal die Frage, Herr Frank: Warum schreiben Sie den Jahresabschluss in Rot?«

»Weil wir keine schwarze Tinte mehr haben, Herr Direktor!«

»Dann kaufen Sie gefälligst schwarze Tinte!«

»Kann ich nicht machen, Herr Direktor, dann stehen wir wieder in den roten Zahlen!«

»Sie müssen früher eigentlich ein Wunderkind gewesen sein«, meint der Chef.

»Meinen Sie?«, fragt der neue Broker stolz.

»Ja, Sie haben mit sechs Jahren bestimmt schon genauso viel gewusst wie heute.«

Stolz sitzt der frisch ernannte Abteilungsleiter in seinem neu eingerichteten Büro. Als ein junger Mann sein Büro betritt, greift er zum Telefon: »Aber ja, Herr Direktor, wirklich ein reizender Abend gestern bei Ihnen, Herr Direktor, aber ja, bis dann.«

Er hängt wieder ein, wendet sich an den Besucher: »Was kann ich für Sie tun?«

»Nichts, ich will nur das Telefon anschließen!«

Ein Vertreter, eine Büroangestellte und ein Personalchef gehen mittags aus dem Büro in Richtung eines kleinen Restaurants und finden auf einer Sitzbank eine alte Öllampe. Sie reiben an der Öllampe und wirklich, es erscheint ihnen ein Geist: »Normalerweise gewähre ich drei Wünsche, aber da ihr zu dritt seid, hat jeder einen Wunsch frei!«

Die Büroangestellte drängt sich vor und gestikuliert wild: »Ich zuerst! Ich! Ich möchte auf einem herrlich schönen Strand auf den Bahamas sein, der Urlaub soll nie enden, keine einzige Sorge soll mir mein schönes Leben vermasseln.«

Und hopp – verschwindet die Büroangestellte.

Der Vertreter will nun an die Reihe kommen: »Ich! Jetzt ich! Ich will mit der Frau meiner Träume an einem Strand in Tahiti eine Pina Colada schlürfen!«

Und hopp – verschwindet der Vertreter.

»Nun kommst du dran«, sagt der Geist zum Personalchef.

Dieser sagt: »Ich will, dass die beiden nach dem Mittagessen wieder im Büro sind.«

»Herr Direktor, ich erwarte eine Gehaltserhöhung von Ihnen«, sagt die Sekretärin.

»Soso ... Und was erwarten Sie noch von mir?«

»Ein Kind ...«

Der Personalchef fragt den Bewerber: »Wie lange waren Sie in der letzten Firma?«
»Elf Jahre.«
»Und warum gingen Sie von dort weg?«
»Man hat mich begnadigt!«

Der Generaldirektor eines Konzerns ist Geschäftsmann durch und durch. Als er sich um die Hand einer schönen Frau bewirbt, will ihn ein Freund warnen: »Weißt du nicht, dass diese Frau mehrere Liebhaber hat?«
»Mein Freund, das ist nicht relevant für mich. Es ist immer noch besser, an einer guten Sache mit 20 Prozent beteiligt zu sein, als an einer schlechten mit 80!«

»Hast du gehört? Unser Chef ist verstorben.«
»Ja, und ich frage mich die ganze Zeit, wer da mit ihm gestorben ist.«
»Wieso mit ihm?«
»Na, in der Anzeige stand doch: Mit ihm starb einer unserer fähigsten Mitarbeiter ...«

Sagt der Chef zum Angestellten: »Können Sie subtrahieren?«
»Na klar.«
»Prima. Dann ziehen Sie ab.«

Zwei Freundinnen treffen sich:
»Oh, ich fürchte, du bist in was getreten.«
»Ich weiß, das sind die Hinterlassenschaften von so 'nem Pudel im Park.«
»Willst du es denn nicht abwischen?«
»Noch nicht – mein aufgeblasener Yuppie-Boss kommt mich gleich in seinem neuen Coupé abholen …«

Ein Mann kommt in eine Bar und schreit: »Alle Rechtsanwälte sind Arschlöcher!«
Sagt ein anderer zu ihm: »Beleidigen Sie mich nicht!«
»Sind Sie Rechtsanwalt?«
»Nein, ein Arschloch …«

Zwei Bauern sitzen bei Hochwasser auf dem Dach der Scheune. Sie schauen auf das Wasser und sehen, wie eine Mütze vorbeischwimmt. Da sagt der eine: »Der Besitzer ist bestimmt ertrunken.«
»Nee«, sagt der andere, »das ist Egon, der mäht bei jedem Wetter …«

Müller kommt pfeifend ins Büro, küsst die Sekretärin, haut seinem Chef eine runter und kippt ihm den vollen Aschenbecher über den Kopf.
Kollege: »Hör auf, du Knallkopf. Du hast nicht im Lotto gewonnen, wir haben nur einen Aprilscherz gemacht!«

Der Leiter eines Supermarktes meldet sich bei der Polizei: »Bei mir ist gestern Nacht eingebrochen worden.«
»Haben Sie einen Verdacht?«
»Ja, es müssen Hacker gewesen sein. Es fehlen nur Kaffee, Chips und Zigaretten.«

Bei einem Computerkurs will ein Teilnehmer wissen, woher das Wort »Windows« kommt.
Der Lehrer antwortet: »Der Begriff stammt aus dem Indianischen. Wörtlich übersetzt heißt es: ›Großer weißer Mann guckt durch Fenster stundenlang auf Sanduhr.‹«

Ein Landschaftsplaner, ein Astronom und ein Informatiker diskutieren, welcher von ihnen die älteste Berufsgruppe repräsentiert.
Der Landschaftsplaner verweist auf die Bibel: »Gott schuf das Wasser, das Land und die Pflanzen.«
Der Astronom setzt eins drauf: »Gott schuf das Universum aus dem Chaos.«
Fragt der Informatiker: »Hallo, Leute – und wer schuf das Chaos?«

Der Bauarbeiter hat eine Grube ausgehoben.
Er fragt den Chef: »Wo sollen denn jetzt die sieben Kubikmeter Erde hin?«
»Grab ein Loch und schaufle sie hinein.«

Der Personalchef fragt die Bewerberin: »Was können Sie als besondere Leistungen vorweisen, Fräulein Reinhard?«
»Ich habe im Dauerküssen mit fünf Stunden und fünfundzwanzig Minuten gewonnen!«
»Sie missverstehen mich, ich dachte eigentlich an die Bürozeit.«
»Das war doch während der Bürozeit!«

»Warum kommen Sie so spät zur Arbeit?«
»Weil Sie gestern sagten, ich solle meine Zeitung zu Hause lesen.«

Der Chef zum Mitarbeiter: »Ich habe zwei Nachrichten für Sie. Eine gute und eine schlechte. Zuerst die gute: Bis auf eine Ausnahme finden Sie alle hier im Betrieb sehr nett.«
»Und die schlechte?«, fragt der Mitarbeiter.
»Die Ausnahme bin ich, Sie können gehen.«

Woher weiß der Beamte, ob er auf dem Hin- oder Rückweg von der Arbeit ist?
Er sieht es an seiner durchsichtigen Brotbüchse!

Warum haben fast alle Beamten eine Brille?
Damit sie sich beim Einschlafen nicht den Kugelschreiber ins Auge stechen.

Ein Beamter sitzt in seinem Büro. Da kommt eine gute Fee und sagt ihm, dass er drei Wünsche frei hat. Da wünscht sich der Beamte, auf einer Insel mit Palmen und Sonnenschein zu liegen. BLINK. Da liegt der Beamte am schönsten Strand der Welt mit Palmen und Sonnenschein. Als zweiten Wunsch äußert er, von knackigen, gut gebauten einheimischen Mädchen am Strand verwöhnt zu werden. BLINK. Im Handumdrehen geht auch dieser Wunsch in Erfüllung. Als Letztes wünscht er sich, nie wieder zu arbeiten, keinen Stress mehr, nur noch erholsame Ruhe. BLINK.

Schon sitzt er wieder im Büro …

Welcher Tag ist der arbeitsintensivste für einen Beamten?
Der Montag, da muss er gleich drei Kalenderblätter abreißen.

Was ist die kostbarste Flüssigkeit der Welt?
Beamtenschweiß.

Wie grüßen sich Beamte?
Mit der ausgestreckten, rechten Hand.
Was soll das bedeuten?
»Heute noch keinen Finger krumm gemacht.«

Was tut ein Beamter, der in der Nase bohrt?
Er holt das Letzte aus sich heraus.

Chef: »Meine Damen und Herren, ich habe ja nichts dagegen, dass es geteilte Meinungen gibt, aber wir wollen es doch so halten, dass ich eine Meinung habe und Sie diese teilen.«

»Vor dem Büro des Chefs wurden Zebrastreifen aufgemalt.«
»Wieso denn das?«
»Damit die Radfahrer die Kriecher nicht totfahren.«

Die Putzfrau der Bank kündigt: »Chef, Sie haben einfach kein Vertrauen zu mir!«
»Was wollen Sie denn eigentlich?«, entgegnet der Direktor. »Ich lasse ja sogar die Tresorschlüssel offen herumliegen!«
»Schon«, meint die Putzfrau, »aber keiner davon passt!«

»Ich finde, diese Sparmaßnahmen der Regierung gehen entschieden zu weit!« – Über die feinen Unterschiede zwischen Ossis und Wessis

Wie konnte man in der DDR aus einer Banane einen Kompass machen?
Abends die Banane auf die Berliner Mauer legen, und dort, wo am nächsten Tag ein Stück fehlte, war Osten.

Lieber ohne Glied im Puff als Mitglied in der PDS.

Beim Friseur im Osten.
»Das Rasieren bei Ihnen kostet seit der Wende deutlich mehr!«
»Na klar, die Gesichter sind ja seitdem auch um einiges länger geworden …«

Warum wurde der Sarg von Honecker nur von zwei Männern getragen?
Eine Mülltonne hat nur zwei Henkel.

Honecker steht morgens auf, tritt ans Fenster und begrüßt die Sonne: »Guten Morgen, liebe Sonne.«

Die Sonne antwortet: »Guten Morgen, Genosse Honecker und Vorsitzender des Staatsrats der Deutschen Demokratischen Republik.«

Honecker fährt nach Berlin zur Arbeit, mittags macht er eine Pause, geht hinaus auf die Terrasse und sagt: »Guten Tag, liebe Sonne.«

Die Sonne sagt erneut ihr Sprüchlein: »Guten Tag, Genosse Honecker und Vorsitzender des Staatsrats der Deutschen Demokratischen Republik.«

Nach Feierabend fährt Honecker wieder nach Hause, kurz vor dem Abendbrot tritt er noch einmal nach draußen: »Guten Abend, liebste Sonne.«

Die Sonne entgegnet:

»Jetzt kannst du mich aber wirklich mal, ich bin jetzt im Westen!«

Wann erreicht der Trabbi seine Höchstgeschwindigkeit? Ganz einfach, wenn er abgeschleppt wird.

Ein Trabbifahrer sagt an der Tankstelle zum Tankwart: »Für meinen Trabbi hätte ich gerne zwei Scheibenwischer.«

Darauf der Tankwart:

»Hand drauf! Das finde ich einen fairen Tausch.«

Ein Türke, ein Wessi und ein Ossi stehen vor dem lieben Gott. Der liebe Gott sagt zum Türken: »Du hast viel gelogen in deinem Leben – als Strafe bekommst du 100 Schläge aufs Kreuz, hast aber einen Wunsch frei!«

Der Türke sagt: »Dann nehme ich ein Kissen auf den Buckel.«

Den Wessi ereilt dasselbe Schicksal, auch er entscheidet sich für ein Kissen.

Der liebe Gott schließlich zum Ossi: »Du hast in zwei Staaten gelebt, hast noch mehr gelogen als die anderen beiden und bekommst dafür 200 Stockhiebe aufs Kreuz, hast aber dafür zwei Wünsche frei!«

Der Ossi zum lieben Gott: »Mein erster Wunsch: Ich nehme 300 Hiebe. Mein zweiter Wunsch: Schnürt mir den Wessi auf den Buckel …«

Was ist der Unterschied zwischen einem Gauner und einem Wessi?

Der Gauner ist schlau und stellt sich dumm – der Wessi macht es andersrum …

Ein Grenzsoldat an der Berliner Mauer zum anderen:

»Was hältst du von der DDR?«

»Na, dasselbe wie du …«

»Dann muss ich dich jetzt leider verhaften.«

Was passiert, wenn die Sahara sozialistisch wird?
Die ersten zehn Jahre passiert überhaupt nichts, aber dann wird der Sand allmählich knapp.

Sagt der Ossi zum Wessi: »Wir sind ein Volk!«
Darauf der Wessi: »Wir auch!«

Wissenschaftler haben zwei neue Planeten entdeckt: primitive Lebensformen und fließendes Wasser.
Mecklenburg und Vorpommern.

Was sagt ein Sachse, wenn er sich in England einen Tannenbaum kaufen möchte?
»Ättänschen please!«

Ein Bayer und ein Ostberliner treffen sich im Hofbräuhaus und unterhalten sich.
Der Münchner: »Wissen S', i hob allweil zwei Zeitungen abonniert, a Münchner und a Berliner. Die Münchner Zeitung les i, die Berliner Zeitung nimm i zu was anderem.«
Da entgegnet der Berliner: »Dann passen Se aba uff, det Ihr Hintern in 14 Tagen nicht schlauer is als Ihr Kopp!«

Ein Ostdeutscher kommt zum ersten Mal in den Westen und nimmt sich ein Taxi.

Es ist ein Mercedes. Nach einer Weile fragt der Ossi, was das vorne auf der Motorhaube wäre und deutet auf den Mercedes-Stern. Der Taxifahrer denkt sich: »Den nimmst du jetzt aber kräftig auf den Arm«, und erklärt dem Ossi, dies sei eine Zielvorrichtung, um Rentner zu überfahren, weil es im Westen zu viele davon gibt. Für jeden überfahrenen Rentner gäbe es 500 Euro Prämie.

Als nun gerade ein Rentner über die Straße geht, rast der Taxifahrer auf ihn zu, reißt aber im letzten Moment das Lenkrad rum und fährt an dem Rentner vorbei. Da hört er hinten einen dumpfen Schlag, und der Ossi ruft: »Also, Rentner jagen müssen Sie aber noch üben – wenn ich jetzt nicht im letzten Augenblick die Tür aufgemacht hätte, hätten wir den bestimmt verpasst ...«

Warum ist die DDR-Wirtschaft in die Knie gegangen?
Weil sie gerade zum Sprung ansetzen wollte, um die kapitalistische Wirtschaft zu überholen.

»Wo geht's denn hier zum Aufschwung Ost?«
»Da drüben – immer den Bach runter!«

Warum können die Ossis nicht vom Affen abstammen?
Weil es Affen nie 40 Jahre lang ohne Bananen ausgehalten hätten.

Treffen sich ein blinder Hase und ein blinder Frosch, der Frosch tastet den Hasen ab: »Oh, du hast ein so schönes weiches Fell und so eine süße Stupsnase, du bist bestimmt ein kleines Häschen.«

Daraufhin tastet der Hase den Frosch ab: »Igitt, du bist so glitschig und hast so ein breites, großes Maul. Du bist bestimmt ein Wessi!«

Was versteht ein Wessi unter einem 7-Gänge-Menü?
Ein Sixpack Bier und 'ne Bildzeitung.

Was ist der Unterschied zwischen einer Wessikrawatte und einem Kuhschwanz?
Der Kuhschwanz bedeckt das Arschloch ganz.

Warum konnten sich Sex-Shops in der DDR bisher nicht durchsetzen?
Weil Trabbi fahren besser wirkt als jeder Vibrator.

Wie heißt die ostdeutsche Partnerschaftsstadt von Tschernobyl?
Strahlsund.

Was ist, wenn vier Wessis auf der Autobahn in einem Mondeo verunglücken?
Ford: »Die tun was!«
Und wenn ein Vectra mit vier Wessis noch hintendrauf knallt?
Opel: »Die haben verstanden!«

Ein DDR-Bürger schrieb an Erich Honecker:
»Werter Genosse Staatsratsvorsitzender, wenn ich nicht innerhalb von vier Wochen einen neuen Auspuff für meinen Trabant bekomme, hänge ich mich auf.«
Die Antwort kam prompt: »Lieber Genosse, hängen Sie sich lieber gleich auf, denn ich kann Ihnen nicht garantieren, dass es in vier Wochen noch Stricke gibt.«

Was sagt die Ost-Mutter, wenn sie ihren Sohn suchen geht?
Ich schau mal nach dem Rechten.

Wie sieht ein Sportwagen im Osten aus?
Trabbi mit Turnschuh auf der Motorhaube.

Warum durften die Bürger von Ost und West damals nicht gemeinsam Bier trinken?
Weil sie ansonsten die gleiche Fahne hätten.

Alle kennen die Sieben Weltwunder, aber die Sieben Wunder der ehemaligen DDR sind weniger bekannt:

Wunder 1: In der DDR gab es keine Arbeitslosigkeit!

Wunder 2: Obwohl keiner arbeitslos war, hat nur die Hälfte gearbeitet.

Wunder 3: Obwohl nur die Hälfte gearbeitet hat, wurde das Plan-Soll immer erfüllt.

Wunder 4: Obwohl das Plan-Soll immer erfüllt wurde, gab es nichts zu kaufen.

Wunder 5: Obwohl es nichts zu kaufen gab, waren alle glücklich und zufrieden.

Wunder 6: Obwohl alle zufrieden waren, gab es regelmäßig Demonstrationen.

Wunder 7: Obwohl regelmäßig demonstriert wurde, wurde immer mit 99,9 Prozent die alte Regierung wiedergewählt.

Warum tragen die ostfriesischen Frauen alle Kopftücher und die Ostfriesen immer Mützen, wenn sie sich ins Bett legen?
Damit sich die Läuse nicht erkälten, denn wenn diese husten, können die Ostfriesen nicht schlafen.

Warum haben die Ostfriesen alle eine Glatze?
Weil sie sich jeden Morgen mit dem Rasierapparat kämmen.

Fünfhundert Arbeitslose aus dem Osten machen eine Demonstration. Geht ein Fabrikbesitzer auf einen zu und sagt: »Sie können schon morgen in meiner Fabrik anfangen.« Empört sich der Demonstrant: »Warum ausgerechnet ich? Hier sind doch noch 499 andere!«

Der Wessi isst in einem Dresdner Lokal: »Also, ich nehme das mit Käse überbackene Rinderhackmedaillon in Teigfüllung, dazu frittierte Kartoffelstiftchen in einer würzigen Tomatentunke.«
Ruft der Kellner in die Küche: »Einmal Cheeseburger mit Pommes und Ketchup.«

»Die Ostdeutschen sind mit ihrem Körper viel zufriedener als die Westdeutschen.«
»Mit ihrem Körper zufrieden? Na gut, dann reden wir mal über die Klamotten!«

Was war die Aufnahmeprüfung der Stasi?
Aus 3 Meter Entfernung an eine Glaswand springen und mit dem Ohr festsaugen …

Anfang der sechziger Jahre: Der Hammerwerfer aus der DDR wirft Weltrekord. Auf die Frage, was denn seine nächsten Pläne seien, antwortet er: »Jetzt kommt die Sichel dran ….«

Drei Bettler sitzen in München in der Fußgängerzone und streiten sich, wer denn am meisten Geld erbettelt. Darauf beschließen die drei, sich für eine Stunde zu trennen, und wer am meisten Geld zusammengebettelt hat, der hat gewonnen.

Gesagt, getan. Nach einer Stunde treffen sie sich wieder. Der Erste hat 60 € erbettelt

»Das ist doch gar nichts«, meint der Zweite. »Ich habe 100 €.«

Darauf der Dritte: »Ihr seid ja alle unfähig. Ich habe 600 € bekommen.«

»Wie hast du das denn gemacht?«

»Ganz einfach. Ich habe mir ein Schild umgehängt mit der Aufschrift: *Ossi hat Heimweh …*«

Ein Ossi-Vater nimmt seinen Ossi-Sohn mit zur Fuchsjagd.

Sie steigen auf einen Hochstand. Der Vater beobachtet gerade eine nackte Frau, die sich auf einer Wiese sonnt, als sein Sohn aufgeregt ruft: »Da Figgse, Figgse.«

Darauf der Vater: »Aber nur, wenn der Mama nüschst sagst!«

Warum klebten die Honecker-Briefmarken immer so schlecht?

Die Leute spuckten alle auf die falsche Seite.

Die Lehrerin fragt Klein Fritzchen: »Fritzchen, wie viele Bundesländer gibt es?«
»11 und 5.«
»Und wie viel macht das zusammen, Fritzchen?«
»Das bleibt bei 11 und 5!«
»Aber wieso denn, Fritzchen?«
»Weil man Äpfel mit Birnen nicht zusammenzählen kann!«

Ein Westdeutscher spaziert durch Dresden. Als der Durst ihn überkommt, beugt er sich zum Elbufer hinab, um zu trinken. Eine alte Frau hält ihn auf, indem sie ruft: »Nisch drinke, des Wasser is giftsch!«
Der Mann erwidert: »Ich verstehe Sie leider nicht, ich komme aus dem Westen.«
Darauf die Frau: »Drinke Se langsam, des Wasser is kalt.«

Was kommt heraus, wenn man einen Wessi mit einem Ossi kreuzt?
Ein arroganter Arbeitsloser.

Honeckers Lieblingssportart?
Bobfahren! Wieso? Links 'ne Mauer. Rechts 'ne Mauer. Und immer schön bergab!

Enttäuscht spricht Ossi: »Wessi, Sie haben Ihr Versprechen gebrochen.«

Dieser tröstend: »Macht nichts, Sie bekommen ein neues.«

Erich Honecker hält eine Rede zur Entwicklung des Sozialismus: »Liebe Genossinnen und Genossen«, verkündet er lautstark, »die Entwicklung des Sozialismus ist nicht aufzuhalten! Schon heute bedeckt der Sozialismus ein Fünftel unserer Erde! Und schon bald wird es ein Sechstel, ein Siebtel, ein Achtel, ein Neuntel und ein Zehntel sein!«

Treffen sich zwei Frauen in der Ex-DDR:
»Morgen gibt's Schnee!«
»Also, ich stell mich nicht schon wieder an!«

»Sofolt aufhölen mit dem Blödsinn!« – Über andere Länder und andere Sitten

Panischer Anruf bei der Bahn: »Auf dem Bahndamm liegt ein Gleis!«
Darauf der Bahnbeamte: »Ja, und das ist auch gut so.«
Fünf Minuten später kommt noch ein Anruf: »Jetzt haben sie den almen alten Mann übelfahlen.«

Ein Italiener, ein Deutscher und ein Chinese sind auf einem Dach von einem Haus. Der Deutsche wirft ein Klavier runter. Plötzlich weint ein Kind.
Der Deutsche fragt: »Warum weinst du?«
Das Kind antwortet: »Mir ist ein Klavier auf den Kopf gefallen.«
Der Chinese wirft einen Ball runter. Da weint das Kind erneut.
Der Chinese fragt: »Warum weinst du denn?«
»Mir ist gerade ein Ball auf den Kopf gefallen.«
Der Italiener wirft eine Bombe runter. Da lacht das Kind.
Der Italiener fragt: »Warum lachst du?«
Das Kind sagt: »Ich hab gepupst, hab mich umgedreht und die Schule ist explodiert.«

Woran erkennt man, dass der Engländer auf dem Liege-
stuhl neben einem BSE hat?
Weil er die Fliegen mit dem Schwanz vertreibt.

Die Ostfriesen verwenden jetzt das Klopapier beidseitig.
Der Erfolg liegt klar auf der Hand.

Eine Gruppe Wissenschaftler rätselt über die Herkunft
»Ötzis«.
Österreicher kann er nicht sein, man hat Hirn gefun-
den.
Italiener kann er auch keiner sein, er hat Werkzeug da-
bei.
Vielleicht ist er ein Schweizer, weil er vom Gletscher
überholt wurde.
Aber wahrscheinlich ist er Deutscher, denn wer geht
sonst mit Sandalen ins Hochgebirge?

Ein italienischer und ein Schweizer Bauarbeiter treffen
sich auf der Baustelle. Der Italiener sagt: »Come stai?«
(italienisch: Wie geht's?)
Sagt der Schweizer: »Danke, mir geht's gut!« Und dann
fällt ihm ein Ziegel auf den Kopf!
Nach einer halben Stunde kommt der Schweizer wieder
zu sich und fragt den Italiener: »Warum hast du mich
nicht gewarnt?«
Sagt der Italiener: »Hab i ja gesagt: Comme Stei!«

Ein Ölscheich in einer Galerie:
»Ich bewundere Picasso – niemand hat sein Öl so teuer verkauft wie er …«

Was ist weiß und hüpft von Ast zu Ast?
Ein österreichischer Arzt bei der Zeckenimpfung.

Ein Amerikaner hat gehört, dass man in Deutschland zu »Glück« auch »Schwein« sagt. Er ist auf einem Ball eingeladen, und der Gastgeber fragt ihn: »Haben Sie schon mit meiner Tochter getanzt?«
Da antwortet er:
»Nein, dieses Schwein habe ich noch nicht gehabt.«

Eine italienische Reisegruppe besichtigt die Niagarafälle. Der Fremdenführer macht sie aufmerksam:
»Meine Damen und Herren, wenn Sie für einen Moment Ihre Unterhaltung einstellen würden, könnten Sie auch das gewaltige Tosen und Brausen des Wasserfalls hören.«

Der Beduine kommt nach seinem Besuch in Deutschland wieder in seine Wüstenoase zurück. »Na, wie war es denn so in Deutschland?«, fragt seine Frau.
»Einfach herrlich. Die ganze Zeit hat es nur geregnet!«

An der Hotelrezeption wundert sich der Gast: »Wie kann das denn sein? Im Aushang steht: Zimmer mit Bad 50 € und Zimmer mit Dusche 200 €.«

Meint die Dame am Schalter: »Ich bin Fräulein Dusche.«

Ein Amerikaner betont ständig, dass in seiner Heimat alles höher, breiter, länger und schöner sei.

»Das Empire State Building wurde in drei Wochen gebaut«, brüstet er sich schließlich, deutet auf das Berner Münster und fragt: »Wie lange war denn die Bauzeit hier?«

Der Fremdenführer hat lange zugehört, aber nun platzt ihm der Kragen. »Huch«, und reißt erstaunt die Augen auf, »das war gestern noch nicht da!«

Ein Hotelgast in Florida beschwert sich, dass das Dach über seinem Bad undicht sei. Nach drei Tagen verlangte er den Direktor, als sich immer noch nichts getan hatte. Doch der zog sich elegant aus der Affäre: »Mein Herr, bei schlechtem Wetter kann ich den Schaden nicht reparieren lassen, und wenn die Sonne scheint, erübrigt es sich ja!«

Kannibalenhäuptling zum Sohn: »Was ist ein Holländer mit einem Pfeil im Rücken?«
»Ein Käsehäppchen!«

Ein Cowboy kommt in die Bar eines kleinen texanischen Städtchens und ruft: »Ich bin heute schlecht gelaunt, Leute! Wenn mich hier einer ärgert, breche ich ihm sämtliche Knochen!«

Da erhebt sich ein anderer Cowboy, ein wahrer Riese mit ungeheuren Muskeln, und fragt: »Was willst du?«

»Das, was ich gesagt habe: Wenn uns hier einer ärgert, dann brechen wir ihm sämtliche Knochen!«

Ein Amerikaner kommt nach Berlin und nimmt ein Taxi. Der Taxifahrer sagt: »Soll ich Ihnen ein Rätsel stellen?«

»Klar!«, sagt der Amerikaner, »immer doch!«

»Nun, dann sagen Sie mir mal: Wer ist der Sohn meiner Mutter, aber nicht mein Bruder?«

»Keine Ahnung«, sagt der Amerikaner. »Wer denn?«

»Na, das bin doch ich!«, lacht der Taxifahrer.

»Ach so!«

Kaum kommt der Amerikaner nach Hause, schon sagt er zu seiner Familie: »Soll ich euch mal ein Rätsel stellen? Wer ist denn der Sohn meiner Mutter, aber nicht mein Bruder?«

»Wahrscheinlich du selbst! Oder?«

»Falsch! Der Berliner Taxifahrer!«

Was bekommt man, wenn man einen Polen und einen Holländer kreuzt?

Einen Autodieb, der nicht fahren kann.

Die USA, die Sowjetunion und die DDR wollen gemeinsam die Titanic heben. Die USA interessieren sich für den Goldschatz und den Tresor mit den Brillanten. Die Sowjetunion interessiert sich für das technische Knowhow. Und die DDR interessiert sich für die Band, die bis zum Untergang noch fröhliche Lieder gespielt hat.

Zwei Männer unterhalten sich.
Sagt der eine: »Mensch, ich muss unbedingt mal nach Frankreich! Da kann man umsonst essen und trinken, so viel man will, man kann ohne zu bezahlen in einem feinen Hotel übernachten, und umsonst bumsen kann man auch noch.«
Fragt der andere: »Woher weißt du das? Warst du schon mal da?«
Antwortet der Erste: »Nee, ich nicht. Aber meine Frau war neulich da, die hat mir das erzählt!«

Drei Generationen arbeiten in einem Familienbetrieb. Eines Tages ergibt es sich, dass Großvater, Vater und Sohn eine Geschäftsreise nach Paris machen. Einige Tage später sitzen sie wieder im Zug auf der Heimreise.
»Raffiniert sind die Französinnen«, schwärmt der Junior.
»Und ungewöhnlich temperamentvoll«, pflichtet ihm der Vater bei.
»Ja, ja«, meint der Großvater gedankenverloren, »und so geduldig, so geduldig …«

Im Eilzug erwischt der Schaffner einen Schotten ohne Fahrkarte. Nach einem erregten Wortwechsel verliert der Beamte seine Geduld, packt den Koffer des Reisenden und brüllt: »Wenn Sie nicht augenblicklich zahlen, werfe ich Ihren Koffer aus dem Zugfenster!«
Darauf schreit der Schotte auf und rauft sich die Haare: »Erst wollen Sie mich arm machen und jetzt auch noch meinen einzigen Sohn töten?!?«

Nach drei Jahren kommt ein Schotte in seine Heimat zurück. Am Flughafen sucht er erfolglos nach seinen Brüdern, bis ihn zwei Bärtige ansprechen:
»Erkennst du uns nicht?«
»Warum habt ihr denn so lange Bärte?«
»Du hast doch damals den Rasierer mitgenommen!«

Ein Fiaker-Kutscher in Wien beobachtet einen Touristen, wie der sich am Pferdegespann zu schaffen macht. »Was soll das denn?«, fragt ihn der Kutscher. Dieser antwortet zerknirscht: »Mein Arzt hat mir geraten, ich solle in der nächsten Zeit unbedingt etwas entspannen!«

Ein biederer Schweizer sitzt im Zug einer feschen jungen Dame gegenüber. »Das ist aber ein schönes Pulloverli, was Sie da tragen!«
»Es ist echtes Kamelhaar«, antwortet das Fräulein stolz.
»Wirklich, man sieht's ja sofort an die Höckerli.«

Am Abend vor seiner wichtigen Reise nach Indien entdeckt Marco Polo in einer Hafenbar einen seiner Matrosen. Völlig betrunken. Marco Polo brüllt ihn an: »Hören Sie auf zu saufen! 10 000 Italiener sterben jedes Jahr am Alkohol!«
Sagt der Matrose: »Mir egal, ich bin Spanier.«

Der Ozeandampfer ist auf einen Eisberg aufgelaufen. Panisch rennen die Leute durcheinander. Nur ein englischer Passagier schlendert seelenruhig mit seiner Pfeife im Mund über Deck. Er nähert sich einem Rettungsboot und fragt ohne Gefühlsregung: »Entschuldigung! Ist dieses Boot für Raucher?«

Im Zugabteil sitzt eine junge Frau einem Herrn gegenüber, der gerade ein Buch mit dem Titel: »Die besten Liebhaber der Welt« studiert. Bald kommen die beiden ins Gespräch und die junge Frau erzählt: »Wussten Sie denn auch, dass die besten Liebhaber Indianer und Polen sind?«
»Nein, das ist mir neu«, erwidert der Herr, »aber darf ich mich zuerst einmal vorstellen. Mein Name ist Winnetou Kowalski.«

Welche Sprache wird in der Sauna gesprochen?
Schwitzerdütsch.

Woran erkennt man, dass die Polen schon im Weltall waren?
Am großen Wagen fehlen die Räder!

Ein Ostfriese fährt nach Bayern in den Urlaub und sieht in seinem Hotel einen Spiegel an der Wand. Er packt ihn ein und schickt ihn seinen Eltern mit einem Brief, auf dem steht: »Schaut nur, wie nett die Bayern sind. Die haben hier sogar ein Bild von mir aufgehängt!«

Warum können Ostfriesen keine Eiswürfel machen?
Die Frau, die das Rezept hatte, ist letztes Jahr gestorben.

Eine Ostfriesin kommt zum Psychiater und erzählt ihm, ihr Mann glaube ein UFO zu sein!
Darauf der Arzt: »Dann soll er in meine Sprechstunde kommen!«
Darauf die Frau: »Gut, und wo kann er landen?«

Drei Gründe, warum Jesus Italiener gewesen sein muss:
1. Nur ein Italiener wohnt bis 30 bei seiner Mutter.
2. Nur ein Italiener kann seine Mutter für eine Jungfrau halten.
3. Nur eine italienische Mutter kann glauben, ihr Sohn sei Gott.

Ein Bayer und ein Österreicher stehen auf der Europabrücke. Der Bayer sagt, dass er die Brücke nur zu gern mal von unten sehen möchte. Darauf der Österreicher: »Du, das ist ja kein Problem! Du hast eh Hosenträger an, ich halt dich einfach daran fest und du lässt dich über das Geländer hängen!« Gesagt, getan. Eine Weile betrachtet der Bayer die Brücke schweigend, dann fängt er schallend zu lachen an. Der Österreicher fragt, warum er denn so lache, darauf der Bayer: »Ich hab mir gerade vorgestellt, wenn meine Hosenträger abreißen würden, wie dir die ins Gesicht schlagen würden!«

Chinesisch für Anfänger:
Mutter: Zang
Großmutter: Zang Zang
Schwiegermutter: Kneif Zang

Zwei Österreicher sind auf Afrikatour: Natürlich unternehmen sie auch eine Kanufahrt zu den berühmten Viktoriafällen. Doch ihr Kanu kentert und sie treiben hilflos im Wasser. Laut schreien sie: »Huifee, Huifee!«
Links und rechts spurten die Krokodile von den Sandbänken weg ins Wasser.
Sagt der eine zum anderen: »Da, schaugs o, so sans die Schwarzen. Nix zum Essen ham, aber die neuesten Rettungsboote von LACOSTE!«

Bin Laden wurde erschossen, der Held ist ein Österreicher.
Nur leider braucht der jetzt einen neuen Fernseher.

Was ist der Unterschied zwischen einem Joghurt und einem Amerikaner?
Der Joghurt entwickelt eine eigene Kultur.

Ein Deutscher kommt zu einem Getränkeautomaten und wirft eine Münze ein. Die Maschine spuckt eine Cola aus.
Der Deutsche scheint erstaunt. Er geht schnell zur Bank, um seine Banknoten in Münzen umzutauschen, kommt zurück und wirft wie ein Wahnsinniger Münzen ein. Die Maschine gibt ihm natürlich jedes Mal einen Drink. Ein Schweizer tritt hinter den Deutschen und schaut für einige Minuten zu. Dann sagt er:
»Entschuldige! Würdest du mich auch mal an den Automaten lassen?«
Der Deutsche wendet sich fassungslos um und sagt:
»Kannst du nicht sehen, dass ich gerade eine Glückssträhne habe?«

Was passiert mit Holländern, die zum 2. Mal durch die Führerscheinprüfung gefallen sind?
Sie bekommen ein gelbes Nummernschild!

Samstagnachmittag. Das lang erwartete Fußballspiel Ostfriesland gegen Brasilien geht in die zweite Halbzeit. Da fährt plötzlich ein Zug vorbei und pfeift. Die Ostfriesen denken, das Spiel ist aus und kehren in die Kabinen zurück.
Eine halbe Stunde später fällt das erste Tor für die Brasilianer.

Unterhalten sich ein Ami, ein Russe und ein DDR-Bürger darüber, wer wohl die größten Wälder habe.
Der Ami prahlt: »Bei uns in Amerika gibt es Wälder, wenn man da morgens reingeht, kommt man vor dem Abend nicht wieder raus!«
Darauf der Russe: »Lächerlich! Wenn du bei uns in Sibirien in den Wald gehst, kommst du erst nach einer Woche am anderen Ende heraus!«
»Alles Kinderkram!«, lächelt der Ostdeutsche. »Bei uns sind die Russen 1945 in die Wälder rein und sind immer noch nicht wieder raus ...«

Joe ist zum ersten Mal auf einem Rodeo, und ihm ist mulmig.
»Wissen Sie«, sagt er zu einem Cowboy, »ich habe noch nie auf einem Pferd gesessen.«
»Macht nichts«, grinst der Cowboy, »dann nehmen wir eben ein Pferd, was noch nie geritten wurde!«

Zwei Polizisten fischen einen toten Polen aus der Donau. Er hat einen Knebel im Mund, eine schwere Eisenkette um den Körper geschlungen und die Füße sind in einem Zementblock eingeschlossen.

»Typisch«, sagt der eine, »klauen immer mehr, als sie tragen können.«

Woran merkt man, dass Polen im Land sind?
Die Zigeuner schließen Hausratversicherungen ab!

Wie lautet der beliebteste polnische Männername?
Klaus …

Warum sind Italiener so klein?
Weil ihre Väter gesagt haben: »Wenn ihr groß seid, müsst ihr arbeiten!«

Im Jahr 2000 sollte die Formel 1 endlich wieder in den USA stattfinden. Nach elfjähriger Pause, kaum zu glauben.
Mit dem Bau der neuen Formel-1-Strecke wurde in den USA sofort begonnen, als man für die Indianer ein anderes Reservat gefunden hat.

Zwei Vertreter prahlen in der Kneipe: »Ich verkaufe schon seit zehn Jahren Kühlschränke an die Eskimos!«

»Na und? Ich verkaufe seit zwanzig Jahren Kuckucks-uhren an die Amerikaner!«

»Toll ... Das kann doch jeder!«

»Na ja, ich verkaufe pro Uhr noch zwei Säcke Vogelfut-ter ...«

»Brunhilde ist so eitel, dass sie nur noch Spiegeleier legt!« – Über Häschen, Hühner und bunte Eier

Zwei Hühner stehen vor einem Schaufenster und betrachten die bunten Eierbecher.
Sagt das eine: »Schicke Kinderwagen haben die hier.«

Warum ist der Osterhase das ärmste Tier der Welt?
Er trägt den Schwanz hinten, muss seine Eier verstecken und darf nur einmal im Jahr kommen.

Ruft Häschen in einer Molkerei an. »Haddu Milch?«
»Ja.«
»Haddu auch fettarme?«
»Natürlich.«
»Muddu langärmelige Blusen tragen.«

Begegnet das Häschen einer Schildkröte. Sagt es mitfühlend: »Haddu Panzer, muddu zur Bundeswehr?«

Wie fängt man einen Hasen?
Man legt sich auf die Erde und macht das Geräusch einer wachsenden Mohrrübe nach.

Mitternacht in einer kleinen Bar. Der Wirt steht mit ein paar Gästen an der Theke. Da geht die Tür auf, ein Mann kommt rein und bestellt eine Flasche Champagner. Als er diese bekommen hat, lässt er den Korken knallen und ruft laut: »Prosit Neujahr!!«
»Was soll denn der Quatsch?«, weist ihn der Wirt zurecht. »Wir haben OSTERN!«
»Ostern?«, stammelt der Mann perplex. »Oje, das gibt Ärger. So lange war ich noch nie Feiern.«

Was möchte ein Bankkunde, wenn er ein Kondom und ein Ei am Schalter abgibt?
Einen Überziehungskredit bis Ostern …

Kommt das Häschen zum Optiker und fragt: »Brauchst du Brille?«
Der Optiker erklärt dem Häschen: »Nein, ich verkaufe Brillen.«
Am nächsten Tag kommt das Häschen wieder und fragt dasselbe. Das geht eine ganze Woche so weiter.
Da platzt dem Optiker der Kragen: »Hau ab, ich kann dich nicht mehr sehen!«
Darauf das Häschen: »Brauchst du doch Brille!«

Sitzt ein Häschen vor einem Schneemann und sagt im Überfallton:
»Mohrrübe her ... oder ich fön dich!«

Trifft Häschen einen Fisch und fragt:
»Haddu Schuppen?«
Fisch: »Ja.«
Häschen: »Muddu Haare waschen!«

Zwei Hennen gehen zu Ostern durch die Stadt und bewundern die bunten Ostereier in den Schaufenstern. Schüttelt die eine ihr Gefieder und meint: »Die hier in der Stadt sind uns doch um einiges voraus!«

»Ich habe Ihren Hahn überfahren«, gesteht der Mantafahrer dem Bauern, »aber ich werde Ihnen das Tier voll ersetzen.«
»Geht in Ordnung«, knurrt der Bauer mürrisch. »Dann kommen Sie mal gleich mit. Ich zeige Ihnen, wo der Hühnerstall ist.«

Alte Bauernweisheit:
Wer Ostern an den Eiern spielt, hat zu Weihnachten Bescherung ...

Sitzen drei Häschen an der Bar. Sagt das Erste: »Soll ich euch mal was sagen? Meine Frau hat *Das doppelte Häschen* gelesen und Zwillinge bekommen.«

Sagt das Zweite: »Meine Frau hat *Die drei Muskehasen* als Hörbuch gehört und danach Drillinge bekommen.«

Das dritte Häschen springt auf und hoppelt wie vom Blitz getroffen nach Hause. Dabei schreit es aufgeregt: »Meine Frau liest gerade *Alibaba und die 40 Hasen*!!!«

Ein Ehepaar besichtigt einen Bauernhof. Als sie mit der Bäuerin über die Wiese gehen, reitet der Hahn gerade auf der Henne. Fragt die Frau die Bäuerin: »Wie oft macht der Hahn denn das?«

»So 6- bis 8-mal am Tag«, antwortet diese.

Meint die Ehefrau vorwurfsvoll zu ihrem Mann: »Siehst du!«

Daraufhin fragt der Mann die Bäuerin: »Ja, macht es denn der Hahn immer mit derselben Henne?«

»Nein«, meint diese, »natürlich immer mit einer anderen!«

Darauf der Mann spitz zu seiner Frau: »Siehst du!«

Warum schlüpfen Küken aus Eiern?
Weil sie Angst haben, gekocht zu werden.

Häschen macht einen Ausflug mit seinem Motorrad und kommt prompt in eine Verkehrskontrolle.

Der Polizist sagt zu Häschen: »Sie verlieren ja Motoröl! Ist Ihnen das denn noch nicht aufgefallen?«

Häschen: »Muddu richtig hingucken, das is doch'n Auslaufmodell!«

Fährt ein Preuße durch Bayern. Plötzlich läuft vor ihm ein Küken über die Straße, voller Kot. Er hält an, macht das Küken sauber und lässt es weiterlaufen. Als er gerade wieder einsteigen will, läuft wieder ein Küken über die Straße, auch voller Kot. Er nimmt ein Papiertaschentuch, macht es sauber und lässt es wieder laufen.

Als er zurück in sein Auto will, kommt ein bayerischer Bergbauer aus dem Gestrüpp und fragt: »Hast mal a Papiertaschentuch für mich? Meine Küken sind alle.«

Ein Ostfriese kommt zum Geflügelhändler und kauft 100 Küken.

Nach einer Woche kommt er erneut und kauft noch mal 100 Küken.

Der Kükenhändler guckt etwas verwundert, sagt aber nichts.

Acht Tage später kauft der Ostfriese wieder 100 Küken.

Der Kükenhändler: »Klappt wohl nicht so gut mit Ihrer Hühnerfarm, oder?!«

Der Ostfriese: »Ich weiß auch nicht. Entweder pflanze ich die zu dicht oder zu tief!«

Ein Mann hat ein kleines Küken geklaut und steckt es in seine Hosentasche. Er geht zum Bahnhof und steigt in den Bus ein. Im Bus schließlich sitzt er neben einer Nonne. Plötzlich lacht die Nonne lauthals los – der Mann schaut ganz verwundert. Er fragt, was denn los sei. Die Nonne zeigt auf seine Hose, bei der der Hosenstall offen steht und das Küken herausschaut.

Die Nonne: »Ich kenne mich bei Ihnen da unten zwar nicht so aus, aber ich glaube, da ist ein Ei geplatzt!«

In einem Hühnerhof. Der Hahn ist schon alt, daher beschließt der Bauer, einen jungen Hahn zu holen, der für Küken sorgen soll. Der junge Hahn wird in das Gehege gesetzt. Der alte Hahn geht auf ihn zu und spricht ihn an: »Ich weiß, in einem Kampf hab ich keine Chance gegen dich. Ich überlasse dir die Hennen, aber lass mir wenigstens meine Lieblingshenne!«

»Nein«, antwortet der junge Hahn, »wenn, dann will ich auch alle Hennen.«

Der alte Hahn macht ihm einen Vorschlag: »Wir machen ein Wettrennen. Wenn ich gewinne, lässt du mir meine Lieblingshenne. Wenn du gewinnst, kannst du alle haben. Aber da ich nicht mehr der Jüngste bin, lass mir bitte einen Vorsprung.« Der junge Hahn ist einverstanden. Der alte Hahn läuft los. Zwei Sekunden später läuft der junge Hahn los, als er den alten Hahn fast eingeholt hat, gibt es einen Knall. Der junge Hahn fällt tot um.

Der Bauer lädt seine Schrotflinte nach: »Das gibt es doch nicht. Schon der dritte schwule Hahn diese Woche.«

Trifft ein blinder Hase ein blindes Krokodil. Sie begrüßen sich und das Krokodil befühlt den Hasen:
»Weiches Fell, lange Ohren, du musst ein Hase sein.«
Der Hase: »Ja richtig.«
Dann befühlt der Hase das Krokodil:
»Hm … kurze Beine, großes Maul, langer Schwanz, du musst ein Italiener sein.«

Was ist der Unterschied zwischen einem erfolgreichen und einem erfolglosen Jäger?
Der erfolgreiche Jäger hat den Hasen im Rucksack, die Büchse geschultert und neben ihm steht der Hund.
Der erfolglose Jäger hat den Hasen im Bett, die Hand an der Büchse und der Hund steht nicht!

Kommt das Häschen in ein Fitness-Studio. Fragt es einen Sportler: »Haddu Deo??«
»Ja!«, antwortet der.
Sagt das Häschen: »Muddu auch benutzen!«

Kommt ein Häschen in ein Rathaus und fragt einen Beamten: »Haddu vollmacht?«
Der Beamte antwortet: »Ja!«
Sagt der Häschen: »Muddu Windel wechseln!«

Hoppelt ein Häschen durch den Wald und trifft einen zotteligen Hund.

»Was bist du denn für ein Tier?«

»Ich bin ein Wolfshund. Meine Mutter war ein Wolf, mein Vater ein Hund.«

Das Häschen hoppelt weiter und begegnet einem Muli.

»Was bist du denn für ein Tier?«

»Ich bin ein Maultier. Mutter Esel, Vater Pferd.«

Das Häschen hoppelt kopfschüttelnd weiter. Plötzlich sieht es ein ganz unbekanntes Tier.

»Was bist du denn für ein Tier?«

»Ich bin ein Ameisenbär.«

Häschen: »Nee, du, das kannst du mir jetzt aber nicht erzählen!«

Was tut ein Jäger, wenn er aus Versehen eine Kuh geschossen hat?

Er steckt ihr einen Hasen ins Maul und sagt, sie hat gewildert!

Die Bäuerin klagt: »Herbert, du wirst mir den Hahn schlachten müssen. Er ist in letzter Zeit immer so unlustig!«

»Glaubst du«, meint da der Bauer zweifelnd, »dass er danach lustiger wird …?«

Sind die Hühner platt wie Teller, war der Traktor wieder schneller …

Die Mutter und ihr Kind sitzen am Frühstückstisch. Das Kind nörgelt: »Mutti, das Ei schmeckt nicht!«

Die Mutter genervt: »Hör auf zu meckern und iss!«

Drei Minuten später fragt das Kind: »Mutti, muss ich den Schnabel auch mitessen?«

Eine 80-jährige Jungfrau hatte ihr Zeitliches gesegnet. Freudig nahm Petrus sie an der Himmelspforte in Empfang. »Beim Gang ganz hinten rechts ist eine Schachtel mit Flügeln. Du darfst zwei davon herausnehmen«, meint Petrus zu dem Weib.

Diese fragt freudig: »Ja, lieber Petrus, werde ich jetzt gar zum Engel?«

»Nein!«, erwidert Petrus, »ein Huhn!«

Ein Mann kauft sich Viagra-Tabletten. Kommt sein Gockel und frisst sie auf.

Sagt der Mann: »O Gott, was mach ich bloß? Ab in die Tiefkühltruhe, damit er sich wieder abkühlen kann!«

Stunden später erinnert er sich endlich an seinen armen Gockel in der Tiefkühltruhe, öffnet sie und findet seinen Hahn vor, schweißgebadet ...

»Was ist mit dir los? Wieso schwitzt du so? Du bist seit Stunden in der Truhe.«

Sagt der Gockel: »Was meinst du, wie anstrengend das ist, den tiefgefrorenen Hühnern die Schenkel auseinander zu biegen!«

Zwei Hähne gehen spazieren. Auf einmal kommen sie an einem Hähnchengrillstand vorbei.

Meint der eine: »Heute gibt's wieder mal nichts zu vögeln, die Weiber sind alle im Solarium.«

Auf einem Tisch liegt ein 100-Euro-Schein: am Tisch sitzen der Weihnachtsmann, der Osterhase, ein schneller und ein langsamer Beamter. Wer bekommt den 100-Euro-Schein?

Der langsame Beamte. Denn den Weihnachtsmann, den Osterhasen und den schnellen Beamten gibt es nicht.

Männer sind wie Osterhasen: intelligent, charmant und sexy.

Aber wer glaubt schon an den Osterhasen?

Wo sucht die Frau des Truckfahrers zu Ostern die Eier?

Unter der Stoßstange!

Fragt der kleine Sohn den Vater: »Du, Papi, was ist das eigentlich – Verlobung?«

Gibt der Vater zur Antwort: »Nun, das ist etwa so, wie wenn ich dir zu Weihnachten ein Fahrrad schenken würde, du es aber erst an Ostern fahren dürftest.«

Darauf der kleine Sohn: »Aber ein klein wenig daran klingeln darf man doch schon vorher mal, oder?«

Die Mutti sitzt abends spät noch in der Küche und färbt die Ostereier, ganz heimlich hinter geschlossener Tür.

Der kleine dreijährige Junge liegt im Bett und schläft, steht aber plötzlich in der Tür und sieht die Mutter beim Eierfärben. »Was machst du denn da?«

»Ach weißt du, der Osterhase hat doch so viel Arbeit und ich wollte ihm einfach dabei helfen.«

»Oje, arme Mama.«

Am nächsten Tag gehen sie in ein großes Kaufhaus. Sie stehen auf der Rolltreppe, und durch die Regale sieht der Dreijährige einen großen Osterhasen im Gras liegend mit einer Möhre in der Pfote.

Das Kind ruft entsetzt: »Schau mal, Mama, dieser faule Sack! Der liegt da im Gras und du kannst für ihn arbeiten!«

Warum feiern die Menschen in Polen nie Ostern?
Der Osterhase klaut die Eier immer schon vor den anderen.

Was ist das perverseste Tier, das es gibt?
Der Osterhase. Der malt seine Eier bunt an und lässt die Kinder nach ihnen suchen!

Was ist unsichtbar und riecht nach Hase?
Ein Kaninchenfurz.

Eine Giraffe und ein Häschen unterhalten sich.

Sagt die Giraffe: »Häschen, wenn du wüsstest, wie schön das ist, einen langen Hals zu haben. Das ist so toll! Jedes leckere Blatt, das ich esse, wandert langsam meinen langen Hals hinunter und ich genieße diese Köstlichkeit so lange.«

Das Häschen guckt die Giraffe ausdruckslos an.

»Und erst im Sommer, ich sage dir, das kühle Wasser ist so köstlich erfrischend, wenn es langsam meinen langen Hals hinuntergleitet. Das ist so toll, einen langen Hals zu haben. Häschen, kannst du dir das vorstellen?«

Häschen ohne Regungen: »Schon mal gekotzt?«

Drei Jäger, einer davon ein Stasi-Mitarbeiter, gehen in den Wald. Jeder soll ein Wildschwein erlegen. Der Erste kommt bereits nach kurzer Zeit mit einem Wildschwein auf dem Rücken zum Treffpunkt zurück. Kurz darauf kommt auch der Zweite mit einem erlegten Wildschwein. Auf den Dritten, den Stasi-Mitarbeiter, warten sie und warten sie, bis es ihnen zu lange dauert und sie ihn suchen gehen. Sie finden ihn vor einem Baum. Er hat einen Hasen an den Baum gefesselt, prügelt auf ihn ein und schreit: »Gib endlich zu, dass du ein Wildschwein bist – gib es zu!«

Sagt eine Henne zur anderen: »Wegen 5 Cent mehr reiße ich mir doch nicht den Arsch auf!«

»Kaum war das erste Treiben angeblasen, da lag auch schon ein Hase tot vor meinen Füßen!«, erzählt der Jäger am Morgen im Bäckerladen.

»Ach«, fragt der Bäcker interessiert, »an was ist der denn gestorben?«

Der Hahn wuchtet ein riesiges Straußenei in den Hühnerstall und kräht zornig: »Meine Damen, schauen Sie sich mal an, was in anderen Betrieben geleistet wird!«

Ein Hase sitzt am Baggersee und kifft. Kommt ein Biber des Weges und fragt: »Ey, Hase, kann es sein, dass du da grade ein Tütchen rauchst?«

Darauf der Hase: »Klar, willste auch mal ziehn?«

»Klar doch!« Der Biber zieht an dem Joint und ist so bedröhnt, dass er beinahe umfällt.

Der Hase meint zu ihm: »He, wenn du wirklich 'ne Dröhnung willst, musst du ganz fest dran ziehen und durch den Baggersee tauchen!« Der Biber tut wie ihm geraten und bleibt auf der andren Seite liegen.

Da kommt ein Nilpferd am Biber vorbei: »Schau da, ein bekiffter Biber!«

»Jo, Nilpferd, willste auch mal was rauchen?« – »Klar.«

»Musst nur durch den See tauchen, auf der anderen Seite ist der Hase mit 'ner Mords-Tüte!«

Das Nilpferd taucht durch den See. Als es am anderen Ufer auftaucht, schreit der Hase erschrocken: »Mensch, Biber! Du musst auch mal wieder ausatmen!«

Ein Hase legt sich nach einer durchzechten Nacht völlig betrunken schlafen. Kommen zwei Wölfe, streiten sich um die Beute und beißen einander tot. Als der Hase am nächsten Morgen erwacht und die beiden Wölfe sieht, schüttelt er den Kopf und meint: »Was habe ich nur wieder angestellt?«

Was ist der Unterschied zwischen einer Blondine und einem Huhn?
Das Huhn sitzt ruhig auf den Eiern …

»Mama! Papa! Ich hab' den Baum geschmückt« – Über brennende Bäume und beschwipste Begegnungen

Die Großmutter zur Enkelin:
»Du darfst dir zu Weihnachten von mir ein schönes Buch wünschen!«
»Fein, dann wünsche ich mir dein dickes Sparbuch.«

Du fährst mit dem Auto und hältst eine konstante Geschwindigkeit. Auf deiner linken Seite befindet sich ein Abhang. Auf deiner rechten Seite fährt ein riesiges Feuerwehrauto und hält die gleiche Geschwindigkeit wie du. Vor dir galoppiert ein Schwein, das eindeutig größer ist als dein Auto und du kannst nicht vorbei. Hinter dir verfolgt dich ein Hubschrauber auf Bodenhöhe. Das Schwein und der Hubschrauber haben exakt deine Geschwindigkeit!
Was unternimmst du, um dieser Situation gefahrlos zu entkommen?
Vom Kinderkarussell absteigen und weniger Glühwein saufen!

Am nächsten Morgen, nach der üppigen Weihnachtsfeier im Büro, wacht der Ehemann auf. Er erinnert sich noch dunkel an einen Streit mit seinem Chef. Er fragt seine Frau nach Details.

Darauf die Frau: »Tja, du hast zu ihm gesagt, er solle sich zum Teufel scheren. Und daraufhin hat er dich gefeuert.«

Verärgert schimpft der Mann: »Der kann mich mal.«

Darauf seine Frau: »Das habe ich dann auch zu ihm gesagt, und jetzt hast du deinen Job wieder!«

Warum hat der Weihnachtsmann eigentlich keine Kinder?

Weil er immer nur durch den Kamin kommt.

Der Religionslehrer fragt: »Wann wurde Jesus geboren?«

Schüler darauf: »Ich weiß nicht genau, auf alle Fälle irgendwann vor Christus.«

Gespräch zwischen Tochter und Mutter:

»Mutti, können Engel fliegen?«

»Ja, meine Kleine, Engel können fliegen!«

»Aber Susi kann doch nicht fliegen?«

»Nein, Susi ist doch unser Hausmädchen!«

»Aber Papa sagt zu ihr, sie sei ein süßer Engel!«

»Dann fliegt sie!«

Welche Nationalität hat der Weihnachtsmann?
Nordpole.

Anne schwelgt in Erinnerungen: »Als Kind liebte ich es, an Winterabenden in der Stube vor knisterndem Feuer zu sitzen. Leider gefiel das meinem Vater nicht. Er hat es verboten.«
»Warum denn?«
»Wir hatten keinen Kamin!«

Helmut sagt zu seinem Freund: »Meine Frau wünscht sich etwas zu Weihnachten, das ihr zu Gesicht steht!«
Darauf dieser: »Kauf ihr einen Faltenrock!«

»Ach Omi, die Trommel von dir war wirklich mein schönstes Weihnachtsgeschenk.«
»Tatsächlich?«, freut sich Omi.
»Ja, Mami gibt mir seitdem tatsächlich jeden Tag fünf Euro, wenn ich nicht darauf spiele!«

Es ist kurz vor Weihnachten, Geschenkideen sind gefragt. »Ich werde meinem Mann Goethe und Schiller schenken, und zwar in Leder.«
»Sehr vernünftig«, meint die Freundin, »die gehen ja auch nicht so leicht kaputt wie die aus Gips.«

Der Ehemann ruft seiner Frau zu: »Schatz, wie weit bist du mit der Weihnachtsgans?«
Ruft sie aus der Küche zurück: »Mit dem Rupfen bin ich fertig, jetzt muss ich sie nur noch schlachten.«

»Na, Dieter, was schenkst du denn deiner Frau zu Weihnachten?«
»Einen knallroten Lippenstift mit Erdbeeraroma.«
»Praktisch. Nach und nach kriegst du ihn wieder!«

Der kleine Max hat aus der Kirche zwei Krippenfiguren gestohlen, Maria und Josef. Er schreibt nun an das Christkind. »Liebes Christkind, wenn du mir zu Weihnachten kein Fahrrad schenkst, siehst du deine Eltern nie wieder.«

Auf der Silvesterparty geht es hoch her. Als die Uhr zwölf schlägt, hebt der Gastgeber sein Glas und prostet strahlend seinen Gästen zu: »Kinder, das neue Jahr scheint ein gutes Jahr zu werden, es hat pünktlich auf die Minute angefangen!«

»Mein Mann will mir zu Weihnachten ein Schwein schenken.«
»Das sieht ihm ähnlich!«
»Woher willst du das denn wissen?«

Josef und Maria sind auf Herbergssuche. Überall werden sie abgewiesen.

Als sie erneut anklopfen, um Unterkunft zu bitten und wieder ein »Nein« erhalten, sagte Josef: »Sie sehen doch, meine Frau ist hochschwanger!«

Da sagte der Mann: »Da kann ich doch nichts dafür.«

Darauf Josef: »Ich doch auch nicht.«

Steht ein kleines Mädchen mit seinem neuen Mountainbike an der Ampel.

Kommt ein Polizist zu Pferd angeritten und fragt: »Na, mein Mädchen, hast du das Fahrrad vom Christkind bekommen?«

Antwortet das Mädchen: »Ja, habe ich!«

Sagt der Polizist: »Tut mir leid, aber ich muss dir leider 20 Euro abnehmen. Sag dem Christkind nächstes Jahr, es soll dir gefälligst ein Bike mit Reflektoren schenken, so wie es das Gesetz vorsieht.«

Fragt das Mädchen: »Haben Sie das Pferd auch vom Christkind bekommen?« Der Polizist überlegt kurz und nickt der Einfachheit halber.

Worauf das Mädchen meint: »Na, dann sagen Sie dem Christkind nächstes Jahr, das Arschloch kommt hinten hin und nicht obendrauf!«

»Hör mal, die Feuerwerksraketen, die du mir verkauft hast, funktionieren nicht!« – »Verstehe ich nicht, ich habe sie alle vorher ausprobiert!«

Mitten auf der Kreuzung stoßen in der Silvesternacht zwei Autos zusammen. Ein Polizist kommt dazu und zückt seinen Notizblock.

Darauf der eine Fahrer: »Aber Herr Wachtmeister, man wird doch noch aufs neue Jahr anstoßen dürfen!«

Drei Blondinen treffen sich nach Weihnachten.

»Mein Freund hat mir ein Buch geschenkt«, sagt die Erste, »dabei kann ich doch gar nicht lesen!«

»Das ist noch gar nichts!«, meint da die Zweite, »mein Freund hat mir einen Terminplaner geschenkt, dabei kann ich gar nicht schreiben!«

»Bei mir ist es noch viel schlimmer!«, eifert die Dritte, »mein Freund hat mir einen Deoroller geschenkt, dabei habe ich doch noch gar keinen Führerschein!«

Der Familienvater will seine vierjährige Tochter zu Weihnachten überraschen. Er leiht sich ein Weihnachtsmannkostüm aus, zieht es sich im Schlafzimmer an, bewaffnet sich mit Sack und Rute und geht in das Wohnzimmer, wo seine Tochter und seine Frau sind und sagt sein Sprüchlein auf: »Von drauß' vom Walde komme ich her. Ich muss euch sagen, es weihnachtet sehr, und überall auf den Tannenspitzen sah ich die goldenen Lichtlein blitzen.«

Darauf die Tochter: »Mama, ist der Papa wieder mal besoffen?«

Nikolaus ist vom Himmel auf die Erde herabgekommen. Er trifft Fritzchen und fragt ihn: »Was wünschst du dir zu Weihnachten?«

Fritzchen sagt: »Das sag ich nicht!«

»Ich weiß es aber trotzdem«, antwortet der Nikolaus, »du wünschst dir ein Feuerwehrauto!«

Fritzchen ist ganz erstaunt und fragt: »Woher weißt du denn das?«

Nikolaus reibt Fritzchen die Nase zwischen Daumen und Zeigefinger und sagt: »Das hab ich an deiner Nasenspitze gesehen. Ich weiß auch, dass du dir noch ein Fahrrad wünschst!«

Fritzchen wieder ganz erstaunt: »Woher weißt du das?«

Nikolaus reibt wieder Fritzchens Nase zwischen Daumen und Zeigefinger und sagt: »Ich weiß auch deinen größten Wunsch: eine Eisenbahn!«

Fritzchen ist schon ganz aus dem Häuschen und fragt wieder »Woher weißt du das?«

Nikolaus reibt wieder die Nase zwischen Daumen und Zeigefinger und sagt: »Das hab ich an deiner Nasenspitze gesehen.«

Da sagt Fritzchen: »Gell, Nikolaus, die Engel haben im Himmel keine Höschen an!«

Diesmal ist der Nikolaus ganz erstaunt: »Woher weißt du das, hast du es auch an meiner Nasenspitze gesehen?«

Da antwortet Fritzchen: »Nein, ich hab's an deinen Fingern gerochen!!«

Zwei Weihnachtsmänner unterhalten sich: »Prima, so eine Thermosflasche! Im Winter hält sie den Tee warm und im Sommer die Limonade kalt.«
Darauf der andere Weihnachtsmann: »In der Tat. Aber ich bin erstaunt, woher die Thermosflasche weiß, wann Winter und wann Sommer ist!«

Ein Tag vor Weihnachten: »Ich bin sehr besorgt um meine Frau. Sie ist nämlich bei diesem schlimmen Schneetreiben in die Stadt gegangen.«
»Na, sie wird schon in irgendeinem Geschäft Unterschlupf gefunden haben.«
»Eben, das ist es ja, was mir Sorgen bereitet!«

Unterhalten sich zwei Freunde über die Weihnachtsgeschenke für ihre Frauen.
Sagt der eine: »Meine Frau ist doch so ein Öko-Freak. Deshalb schenke ich ihr dieses Jahr etwas Besonderes – einen 100-Prozent-Öko-Vibrator!«
Verdutzt fragt der andere: »Was ist denn ein Öko-Vibrator?«
»Na, so ein Bambusrohr, gefüllt mit Hummeln!«

Warum hat der Weihnachtsmann einen so großen Sack?
Weil er nur einmal im Jahr kommen darf.

Ein Schotte kommt in die Postfiliale: »Eine 50-Cent-Briefmarke bitte. Aber machen Sie bitte den Preis ab, es soll ein Weihnachtsgeschenk sein!«

Weihnachten im Irrenhaus. Kommt das Christkind und sagt zu den Irren: »Wer mir ein nettes, kleines Gedicht aufsagt oder ein kurzes Lied singt, bekommt auch ein kleines Geschenk. Wer ein langes Gedicht aufsagt, bekommt ein großes Geschenk.«
Kommt der Erste an und stammelt: »Helelingmalam.«
Sagt das Christkind wütend: »Und wer mich nicht ernst nimmt, kriegt gar nichts!«

Die Beamten bei der Post öffnen einen Brief, der an den Weihnachtsmann adressiert ist. Ein Beamter beginnt zu lesen: »Lieber Weihnachtsmann. Ich bin 10 Jahre alt und Vollwaise. Hier im Heim bekommen immer alle Kinder nette Geschenke, nur ich nicht. Ich wünsche mir so sehr einen Füller, eine Mappe und ein Lineal.«
Die Beamten sind sehr gerührt und sammeln untereinander. Leider reicht es nur für einen Füller und eine Mappe. Nach 3 Wochen kommt wieder ein Brief vom selben Absender.
Sofort öffnet einer den Brief und beginnt laut zu lesen: »Lieber Weihnachtsmann! Vielen Dank für die schönen Geschenke! Ich habe mich sehr gefreut! Leider hat das Lineal gefehlt, aber das haben bestimmt die Idioten von der Post geklaut!«

Eine Ehefrau hat Bedenken, dass ihr Mann Trinker ist. Daraufhin geht sie zum Pfarrer und fragt ihn um Rat, was sie tun soll, um zu erfahren, ob ihr Mann wirklich jeden Abend betrunken ist.

Der Pfarrer meinte, sie solle sich mit einer Kerze hinter die Tür stellen, wenn ihr Mann nach Hause kommt. Sieht er ein Licht, ist er nicht betrunken. Bei zwei Lichtern ist er etwas und bei drei Lichtern ist er sehr betrunken.

Am Abend tat die Frau, was ihr geraten war, und als ihr Mann nach Hause kam, fragte er sie: »Schatzi, warum stehst du mit dem Christbaum hinter der Tür?«

Familie Knorr sitzt am Heiligen Abend in der Wohnung und singt Weihnachtslieder. Plötzlich klingelt es an der Tür. Das Kind macht auf – und da steht der Weihnachtsmann und sagt: »Nun, mein Kind, willst du nicht wissen, was ich alles Schönes in meinem Sack habe?«

Daraufhin rennt das Kind schreiend zu den Eltern und ruft völlig außer Atem: »Mami, Papi, der Perverse vom letzten Jahr ist wieder da!«

Am Tag vor Heiligabend sagt das kleine Mädchen zu seiner Mutter: »Mami, ich wünsche mir zu Weihnachten ein Pony!«

Darauf die Mutter: »Na gut, meine Süße, morgen Vormittag gehen wir zum Friseur.«

Scheinheilig ist, wenn man das ganze Jahr die Pille nimmt und zu Weihnachten singt: »Ihr Kinderlein kommet.«

Adventszeit. Die Mutter ruft aus der Küche: »Fritz, zünde bitte den Adventskranz an!« Nach einer Minute ruft er zurück: »Die Kerzen auch noch?«

Warum bekommt man zu Weihnachten immer wieder die falschen Geschenke?
Das Christkind ist blond!

Warum klettern die Ostfriesen Anfang Dezember immer durch das Fenster?
Weil Weihnachten vor der Tür steht!

»Ich halte das bald nicht mehr aus, Eva nörgelt seit einem halben Jahr ununterbrochen an mir herum!«
»Weshalb denn?«
»Sie will unbedingt, dass ich den Weihnachtsbaum wegräume.«

Fragt eine Gans die andere: »Sag mal, glaubst du an ein Leben nach Weihnachten?«

Drei Männer unterhalten sich darüber, was sie mit ihrem Weihnachtsgeld machen werden.

Der Erste: »Ich arbeite bei der Bank. Ich kaufe mir ein großes Auto und fahre von dem Restgeld in den Urlaub auf die Kanarischen Inseln!«

Der Zweite: »Ich arbeite bei Mercedes. Ich lass unseren Swimmingpool ausbauen und mache mit dem Rest ein Weltreise!«

Der Dritte: »Ich bin Beamter und kaufe mir vom Weihnachtsgeld einen dicken Pulli.«

Darauf bekommen die anderen beiden große Augen: »Und der Rest?«

»Den legt mir meine Mutter obendrauf!«

Warum ist Nikolaus ein Krüppel?
Rute in der Hand und Sack auf dem Buckel.

Fragt der kleine Junge den Weihnachtsmann:
»Du, musst du dein Gesicht eigentlich auch waschen oder nur kämmen?«

Männer haben Weihnachten oft das Problem, dass die Gans nicht auf dem Teller liegt, sondern direkt vor ihnen steht.

Wie heißt Oralsex zu Silvester?
»Dinner for one.«

Genau zu Weihnachten wurde zur Freude der Familie endlich das Kind geboren, das so lang schon erwartet wurde. Timmi wuchs heran und war die Freude der ganzen Verwandtschaft, nur reden wollte er nicht. Nach einigen Jahren, wieder zu Weihnachten, als die ganze Familie zusammen saß, sagte Timmi urplötzlich: »Opa.« Jeder war verblüfft, aber innerhalb der nächsten Tage starb der Opa.

Ein ganzes Jahr schwieg das Kind wieder und am nächsten Weihnachtsfest sagte es: »Oma.« Und in der gleichen Woche starb die Oma.

Konnte das Zufall sein?, dachten die Eltern, aber vergaßen den Vorfall wieder.

Das nächste Fest kam. »Papa«, sagte da Timmi und dem Vater wurde ziemlich mulmig. Sein erster Arbeitstag nach Weihnachten: Er fuhr in Zeitlupe zur Arbeit und achtete auf jede mögliche Gefahr. Aber alles ging gut. Wieder zu Hause, sagte seine Frau: »Stell dir vor, wer heute gestorben ist: der Postbote.«

KOPFLAUS TRIFFT NIKOLAUS
DIESER WITZ IST AN DEN HAAREN HERBEIGEZOGEN!
www.ralf-stumpp.de

»Kopflaus trifft Nikolaus ...« –
Über unsere vierbeinigen Freunde
und anderes Getier

Treffen sich ein Elefant und ein Kamel.
Fragt der Elefant: »Sag mal, wieso hast du eigentlich deine Titten auf dem Rücken?«
Darauf das Kamel: »Ziemlich blöde Frage für einen, der offensichtlich seinen Schwanz im Gesicht trägt!«

Zwei Ziegen unterhalten sich. Sagt die eine: »Kommst heute Abend mit auf die Party?«
Sagt die andere: »Nee, sorry, echt keinen Bock!«

Zwei Wurmfrauen treffen sich im Garten. Sagt die eine zur anderen:
»Wo steckt denn heute dein Mann?«
»Ach, der ist beim Angeln!«

Zwei Fliegen krabbeln über einen Globus. Als sie sich zum dritten Mal begegnen, meint die eine zur anderen:
»Wie klein die Welt doch ist ...«

Zwei Flöhe kommen aus dem Kino. Es regnet. Fragt der eine den anderen:
»Gehen wir zu Fuß, oder nehmen wir uns einen Terrier?«

Auf der Polizeistation klingelt das Telefon.
»Kommen Sie sofort. Es geht um Leben und Tod. Hier in der Wohnung ist eine Katze!«, schallt es aus dem Hörer. Der Polizist erkundigt sich: »Wer ist denn am Apparat?«
»Der Papagei.«

Eine Maus und ein Elefant wollen Schlittschuh laufen. Als sie vor dem zugefrorenen Teich stehen, meint die Maus:
»Ich probier's mal und sag dir dann, ob das Eis hält.«

Ein Mann gibt einen ihm zugelaufenen Hund im Tierheim ab:
»Der Hund gehört ganz bestimmt einer Frau, er bleibt nämlich an jedem Schaufenster stehen.«

Fragt der Zoobesucher: »Warum weint der Pfleger?«
»Der Elefant ist gestorben.«
»Ach, hatte er das Tier so lieb?«
»Nein, der Direktor hat nur befohlen, er soll das Grab schaufeln!«

»Du bist ja noch immer ohne Mann. Hat dein Freund nicht angebissen?«, fragt eine Forelle die andere.
Schluchzt diese: »Doch ...«

Ein Mann läuft mit einem Pinguin auf dem Arm durch die Stadt.
Passant: »Wo haben Sie den denn her?«
Mann: »Ist mir so zugelaufen! Was meinen Sie soll ich mit ihm machen?«
Passant: »Gehen Sie doch mit ihm in den Zirkus!«
Nach ein paar Stunden treffen sich die drei wieder.
Passant: »Aber ich sagte Ihnen doch, gehen Sie mit ihm in den Zirkus!«
Mann: »Waren wir ja, jetzt gehen wir ins Schwimmbad.«

Robbenmutter: »Sohn, ich habe lange über deine Zukunft nachgedacht! Du hast zwei Möglichkeiten: Entweder du lernst jonglieren oder du wirst Pelzmantel.«

Ein Kamel und eine Kuh wollen sich selbständig machen.
Kamel: »Ich dachte mir, wir machen eine Milchbar auf.«
Kuh: »Und wie stellst du dir das vor?«
Kamel: »Du sorgst für die Milch und ich für die Hocker!«

Kommt ein Holzwurm nach Hause und sagt zu seiner Frau: »Du, heute ist eine Holzladung aus Schanghai angekommen. Gehen wir zum Chinesen?«

Schild in der U-Bahn-Station: »Auf der Rolltreppe müssen Hunde getragen werden!«
Passant: »Und wo bekomme ich jetzt auf die Schnelle einen Hund her?«

In der Zoohandlung: »Ich möchte den Papagei umtauschen. Er erzählt dauernd unanständige Witze.«
»Das stört Sie, gnädige Frau?«
»Nein, aber sie hängen mir langsam schon zum Halse raus.«

Zwei Regenwürmer begegnen auf der Münchner Leopoldstraße einer haarigen Raupe. Mokiert sich der eine: »Seit ›Kir Royal‹ kann ich diese aufgetakelten Schickimickiwürmchen mit ihren Pelzmäntelchen nicht mehr sehen!«

Was ist schlimmer als ein Wurm in einem angebissenen Apfel?
Ein halber Wurm in einem angebissenen Apfel.

Franz bringt aus dem Urlaub einen Papagei mit und soll ihn verzollen. Der Zöllner liest laut aus den Bestimmungen vor: »Papagei ausgestopft: zollfrei. Papagei lebendig: 300 Euro.«
Da krächzt der Vogel aus dem Käfig: »Leute, macht bloß keinen Scheiß jetzt!«

»Wenn das euer Vater wüsste«, sagt die Witwe Henne zu ihren Küken, »er würde sich im Grill noch mal umdrehen.«

Ein Mann kommt in eine Zoohandlung und verlangt zehn Ratten.
»Wozu brauchen Sie die denn?«, wundert sich der Verkäufer.
»Ich habe meine Wohnung gekündigt und muss sie so verlassen, wie ich sie bezogen habe.«

Wir haben einen Hund, der hat keinen Namen und auch keine Beine!
Wozu auch, wenn man ihn ruft, kommt er sowieso nie.

Ein Wachhund zum andern: »Hörst du nichts?«
»Doch.«
»Und warum bellst du dann nicht?«
»Na, dann höre ich doch nichts mehr!«

Treffen sich zwei Holzwürmer in einem Stück Goudakäse. Seufzt der eine: »Auch Probleme mit den Beißern?«

Kommt ein Frosch zum Bäcker: »10 Brötchen, du Arschloch!«
»Das ist ja eine Unverschämtheit«, sagt der Bäcker. Er gibt ihm die Brötchen trotzdem, weil er das Geld braucht.
Am nächsten Tag wieder: »10 Brötchen, du Arschloch!«
Darauf der Bäcker: »Wenn du das noch mal sagst, nagele ich dich an die Wand!«
Das Ganze geht noch zwei weitere Tage so. Am fünften Tag kommt der Frosch erneut: »Hast du einen Hammer?«
»Nein, habe ich nicht.«
»Hast du denn Nägel da?«
»Nein, habe ich auch nicht.«
»Dann gib mir mal 10 Brötchen, du Vollidiot!«

Herr Meier möchte sich einen Hund kaufen. Er fragt den Verkäufer: »Ist dieser Hund auch treu?«
Der Verkäufer antwortet: »Aber natürlich. Viermal habe ich ihn schon verkauft und er ist immer wieder zu mir zurückgekommen!«

Was sagt eine Schnecke, die auf einer Schildkröte sitzt?
»Hüa, schneller!«

Ein Indianer in voller Kriegsbemalung geht in eine Bar, auf seiner Schulter ein wunderschöner, großer, bunter Papagei. Er bestellt Feuerwasser. Der Barkeeper starrt den Indianer mit dem wunderschönen, großen, bunten Papagei lange an und gibt ihm das Feuerwasser. Dann fragt er: »Der ist ja wunderschön, woher haben Sie ihn denn?«

Antwortet der Papagei: »Aus der Prärie, da gibt es Tausende von denen …«

Ein Nerz klopft an die Himmelstür.

Petrus öffnet und sagt: »Weil man dir auf Erden übel mitgespielt hat, hast du nun einen Herzenswunsch frei.«

Darauf der Nerz: »Ein Mäntelchen aus reichen Frauen …«

Unterhalten sich drei Mäuse.

Meint die Erste: »Hey, Alter, ich bin so krass, ich geh konkret zur Mausefalle, heb Bügel hoch und klau den Käse.«

Meint die Zweite: »Alter, das ist noch gar nix. Ich bin viel krasser. Ich geh zum Rattengift, schütte es aus und ziehe es mir als Line durch die Nase.«

Die dritte Maus dreht sich um und geht. Rufen die anderen hinterher:

»Hey, warum gehst du? Sind wir zu krass für dich?«

Die Dritte erwidert: »Ihr seid mir viel zu langweilig! Ich geh mir jetzt 'ne Katze aufreißen!«

Sagt der Hahn zum Huhn: »Wie möchtest du dein Ei heute?«

Zwei Tiger im Zoo:
»Man erzählt sich, du hättest mal einen Ausbruch ge-schafft?«
»Klaro!«
»Und? Wie lief es?«
»Zuerst prima! Ich habe mich im Rathaus versteckt und jeden Tag heimlich einen Beamten gefressen. Das fiel erst gar nicht auf.«
»Und wie ist es aufgefallen?«
»Ganz blöde! Eines Tages habe ich aus Versehen eine Putzfrau erwischt!«

Warum gehen Ameisen nicht in die Kirche?
Weil sie Insekten sind.

Klingelt eine Schnecke an einer Haustür. Harry macht auf. Sagt die Schnecke zu Harry: »Hey du, lass mich rein und gib mir was Ordentliches zu essen.«
Henry schnippt die Schnecke weg.
Fünf Jahre später klingelt es wieder an der Tür. Henry macht auf. Sitzt die Schnecke draußen und sagt: »Sag mal, was sollte das denn eben, bist du übergeschnappt?«

Ein Frosch hüpft vergnügt durchs hohe Gras und ruft immer wieder: »Ich bin ein Schwan! Ich bin ein Schwan!«

Da trifft er auf einen Storch: »Hey, Frosch! Bist du übergeschnappt? Du bist doch kein Schwan!«

Da zieht der Frosch seine Hose runter und dreht die Hüfte in Richtung Storch: »Da, schau mal!«

Darauf der Storch: »Mein lieber Schwan!«

»Sag ich doch: Ich bin ein Schwan, ich bin ein Schwan!«

Wundert sich das kleine Kaninchen im Aufklärungsunterricht: »Dann stimmt das also gar nicht mit dem schwarzen Zylinder?«

Ein Schwein kommt an einer Steckdose vorbei, schaut rein und sagt: »Du arme Sau, haben sie dich eingemauert?«

Zwei Hühner begegnen sich auf dem Hof. Prahlt das eine lauthals: »Tja, ich lege Klasse 1A.« Erwidert das andere verächtlich: »Ich bin doch nicht bescheuert und reiße mir wegen dem Cent dermaßen den Arsch auf!«

Eine Fliege fliegt haarscharf an einem Spinnennetz vorbei. Da ruft die Spinne ärgerlich: »Morgen erwische ich dich, mach dich auf was gefasst!«

Darauf die Fliege: »Denkste, ich bin eine Eintagsfliege!«

Das Pferderennen ist zu Ende. Das letzte Pferd überquert die Ziellinie. Wutentbrannt wendet sich der Pferdebesitzer dem Jockey zu und sagt: »Sie hätten ja auch etwas früher am Ziel sein können.«
Darauf der Jockey: »Ich weiß, aber ich musste beim Pferd bleiben.«

Läuft ein Pony durch den Wald und trifft einen herzzerreißend jämmerlich heulenden Hasen. »Was hast du denn?«, fragt das Pony.
»Der Bär hat gefragt, ob ich fussele, da habe ich nein gesagt und dann hat er mich einfach als Klopapier benutzt!«, schniefte der Hase.
Am nächsten Tag sieht das Pony den Hasen an der gleichen Stelle, aber jetzt lacht der Hase sich ins Fäustchen. Erkundigt sich das Pony, warum der Hase so lacht: »Heute hat der Bär das Stachelschwein gefragt!«, antwortet der Hase.

Zwei Pferde treffen sich im Zoo. Das eine sagt zu dem anderen: »Unerhört, es ist schon fast 17 Uhr, und das faule Zebra dort drüben ist immer noch im Pyjama.«

Zwei Elefanten sehen zum ersten Mal einen nackten Mann. Sie schauen an ihm runter, schauen wieder hoch, schauen sich zweifelnd an. »Wie zum Teufel kriegt der sein Essen in den Mund?«

Eine Ameise spaziert über die Wiese und wird von einem Pferdeapfel getroffen. Zwei Stunden braucht sie, um sich herauszuwühlen. »Scheiße«, schimpft sie, »genau aufs Auge.«

Kleines Drama aus dem Mittelalter:
Ein Löwe mit Magenknurren schleicht um einen Kreuzritter herum, der in seiner Rüstung eingeschlafen ist: »Schon wieder dieser Konservenfraß«, mault er angewidert.

Eine Raupe trifft einen Tausendfüßler. Sie beneidet ihn: »Deine Frau hat tolle Beine.« Wenig begeistert nimmt der Tausendfüßler das Kompliment hin: »Mag ja sein. Aber bis sie die abends alle auseinander hat, bin ich immer schon eingeschlafen.«

Ein Mann wird in der Steppe plötzlich von einem Rudel Löwen umzingelt. In seiner Verzweiflung setzt er sich hin und beginnt, auf seiner Mundharmonika zu spielen. Und tatsächlich: Die Löwen gruppieren sich um ihn und hören begeistert zu. Ein weiterer Löwe kommt hinzu und verschlingt den Mann. Stupst einer der anderen Löwen seinen Nachbarn an und meint: »Was habe ich dir gesagt, wenn der Taubstumme kommt, ist die Party vorbei.«

Ein Mann kommt von der Dienstreise nach Hause und wird an der Tür freudig von seinem Hund begrüßt: »Na, Waldi, alles gut gegangen hier zu Hause?«

»Wuff!«

»Was ist denn los, irgendwas mit Frauchen?«

»Wuff!«

»Ist ihr was Schlimmes passiert?« Schweigen. »Nanu, war etwa jemand zu Besuch da?«

»Wuff!«

»Etwa ein Kerl?«

»Wuff Wuff!«

»Was haben sie verdammt noch mal gemacht?«

»Hechelhechel Wuff!«

Ein Pinguin sitzt im Beutel eines Kängurus, und während das Känguru ziemlich schnell über die Erde springt, meint er: »Mir ist so schlecht!«

Etwa zur gleichen Zeit sitzt ein kleines Känguru am Südpol, friert ganz schrecklich und denkt: »Sch-sch-scheiß Städte-dte-Tauusch!«

»Was da wohl drin ist?« –
Über unliebsame Überraschungen
und feuchtfröhliche Feierlichkeiten

Als Herr Meyer in die Küche kommt, sagt er gönnerhaft lächelnd zu seiner Frau: »Aber Mausilein, an deinem Geburtstag brauchst du doch nicht zu spülen – mach das doch morgen!«

Uroma Linde bekommt zum 100. Geburtstag von der Stadt 5000 Euro. Ein Reporter fragt sie: »Was machen Sie mit dem vielen Geld?«
»Das hebe ich mir für meine alten Tage auf!«

Fritzchen kommt zur Tante und sagt: »Vielen Dank für das schöne Geburtstagsgeschenk!«
»Aber«, meint die Tante, »das ist doch nicht der Rede wert.«
»Ja, das finde ich ja auch«, antwortet Fritzchen, »aber Mama meint, dass ich mich trotzdem bei dir bedanken muss.«

Michael hat Geburtstag und der Vater gratuliert ihm:
»Alles Liebe zum Geburtstag! Und heute darfst du dir etwas wünschen!«
»Ich wünsch mir einen Schäferhund.«
»Wünsch dir etwas anderes.«
»Na gut, ich wünsche mir, dass wir einen Tag lang die Rollen tauschen.«
»Alles klar.«
»Gut, dann komm jetzt, wir gehen in die Stadt und kaufen für Stefan einen Schäferhund.«

Anlässlich seines 95. Geburtstags wird ein Opa im Altersheim für einen Bericht in der Lokalzeitung interviewt.
Reporter: »Wie fühlen Sie sich in Ihrem Alter und in dieser Umgebung?«
Opa: »Danke, sehr gut.«
Reporter: »Wie sieht denn hier Ihr Tagesablauf aus?«
Opa: »Morgens – erst mal Pinkeln!«
Reporter: »Und? Keine Probleme?«
Opa: »Ach wo! Harter Strahl, kein Brennen, gesunde Farbe!«
Reporter: »Und dann?«
Opa: »Stuhlgang!«
Reporter: »Irgendwelche Beschwerden?«
Greis: »Keine Spur – ausreichender Druck, kein Blut, ganz normale Darmentleerung.«
Reporter: »Wie geht es weiter?«
Opa: »Nun ja, dann stehe ich auf.«

Als der Dreijährige das Geburtstagsgeschenk seiner Großmutter auspackt, entdeckt er eine Wasserpistole. Er quietscht vor Vergnügen und rennt zum Waschbecken. Die Mutter ist nicht so begeistert und sagt zur Großmutter: »Ich bin erstaunt über dich. Hast du vergessen, wie du dich früher über diese Dinger geärgert hast?« Ihre Mutter lächelt und erwidert: »Nein, das habe ich nicht vergessen.«

Der Vater zum Sohn: »Herzlichen Glückwunsch zum 18. Geburtstag, mein Sohn. Jetzt kannst du bis zu deiner Hochzeit tun und lassen, was du willst!«

Zwei Männer stehen am Schaufenster eines Juweliers. »Was schenkst du deiner Geliebten zum Geburtstag?«, fragt der eine.
»Eine Kette!«
»Oh, geniale Idee! Meine läuft auch immer weg!«

Zwei Jungs auf dem Schulhof: »Na, was hast du alles zum Geburtstag bekommen?«
»Och, das Übliche, einen Fußball, Pfeil und Bogen, ein Luftgewehr, eine Steinschleuder …«
»Das sind ja seltsame Geburtstagsgeschenke!«
»Nicht, wenn dein Vater Glaser ist …«

»998 – 999 – 1000 – 1001. Es ist ein Junge!«, jubelt der Tausendfüßler-Papa.

Andy erzählt: »Meine Schwester ist wirklich ein Glückspilz!«
»Wieso?«
»Gestern war sie bei einem Geburtstag eingeladen. Die Jungen mussten jedem Mädchen zur Begrüßung einen Kuss oder eine Tafel Schokolade geben!«
»Und?«
»Kommt sie doch mit 25 Tafeln Schokolade nach Hause!«

»Papi, sag Mami bitte nicht, dass ich ihr Schokolade zum Geburtstag gekauft habe!«
»Kein Wort, willst du sie damit überraschen?«
Fritzchen: »Nein, ich habe sie aufgegessen!«

Was sagt der Tausendfüßler, wenn ihm zum Geburtstag neue Schuhe geschenkt werden?
Tausend Dank!

Julia verspricht ihrem Papa, dass er diesmal so viel zum Geburtstag bekommt, dass er es gar nicht auf einmal tragen kann. Was bekommt er?
Zwei Krawatten!

Opa feiert seinen 70. Sagt der Enkel: »Ich habe eine gute und eine schlechte Nachricht für dich. Welche willst du zuerst hören?«

»Die gute.«

»Nachher kommen ein paar Striptease-Tänzerinnen vorbei.«

»Toll! Und die schlechte?«

»Sie sind in deinem Alter.«

Oma fragt ihre kleine Enkelin: »Babsi, was wünschst du dir denn zum 8. Geburtstag?«

»Die Pille.«

»Wie bitte? Wozu denn?«

»Ich habe schon viele Puppen und will keine mehr!«

»Du, Vati«, säuselt Anja an ihrem 18. Geburtstag, »findest du nicht auch, dass ich jetzt alt genug bin, um den Führerschein zu machen?«

»Du schon«, antwortet der Vater, »aber unser Auto noch nicht!«

»Du könntest mir zum Geburtstag etwas Schönes für die Hände, den Hals oder die Ohren schenken«, säuselt die Ehefrau.

»Gerne, welche Seife möchtest du?«

Richter zum Angeklagten: »Wann haben Sie Geburtstag?«

Der Angeklagte schweigt beharrlich.

Der Richter fragt noch einmal: »Wann haben Sie Geburtstag?«

Da antwortet der Angeklagte etwas mürrisch: »Warum, verdammt, soll ich Ihnen das verraten? Sie schenken mir ja doch nichts!«

Es klingelt, ein Bettler steht vor der Tür: »Verzeihen Sie, hätten Sie vielleicht ein Stückchen Kuchen für mich?«

Antwortet die Frau: »Na, hören Sie mal, können Sie nicht mit einem Butterbrot zufrieden sein?«

»Normalerweise schon, aber heute habe ich Geburtstag!«

Was ist, wenn drei Schwule nackt hintereinander stehen?

Der mittlere hat Geburtstag.

Oma hat Geburtstag, und ihr Enkel Rudi, der auch gerade seinen 18. Geburtstag feierte und nun stolz sein Auto durch die Gegend fährt, holt sie zum Geburtstagskaffee ab. Aber Oma hat Schwierigkeiten einzusteigen und bittet ihn: »Sei so gut, und stell mir doch den Sitz mal vor.« Und Rudi ganz Gentleman: »Sitz, das ist meine Oma – Oma, das ist mein Sitz!«

Der reiche Graf von Münchhausen geht auf seinen 60. Geburtstag zu. Er schreibt an alle Freunde und Verwandten, er wolle keine Geschenke, sondern von jedem nur ein schönes Foto. Alle sind begeistert, dass der knorrige Alte plötzlich doch noch Familiensinn entwickelt, und lassen sich in festlicher Kleidung ablichten. Der Graf klebt die Bilder in ein Album, das er zu seinem Pförtner hinunterbringt: »Wenn eine dieser Personen jemals vorsprechen sollte, bin ich verreist oder mindestens in einer mehrstündigen Konferenz, auf keinen Fall aber zu sprechen.«

Der Lehrer fragt jeden Schüler nach seinem Geburtstag.
»7. Januar«, antwortet Sven.
»Aber in welchem Jahr?«, hakt der Lehrer nach.
»In jedem Jahr, Herr Lehrer.«

Die Mutter sagt zu ihrem achtjährigem Sohn: »Peter, der Herr Pfarrer hat Geburtstag. Geh hin und gratulier ihm mit einer Tafel Schokolade. Aber vergiss nicht, *Grüß Gott* zu sagen!«
Peter kommt nach einer Weile zurück.
»Und«, fragt die Mutter, »wie war es denn?«
»Der Pfarrer war nicht da, nur die Haushälterin.«
»Und was hast du gesagt?«
»Na, gegrüßt seist du, Heilige Mutter Gottes.«

Zwei Schotten unterhalten sich über ein für sie schmerzhaftes Thema.

»Was schenkst du deiner Frau zum Geburtstag?«

»Voriges Jahr hat sie eine Luftmatratze bekommen.«

»Und dieses?«

»Blase ich sie ihr auf.«

Ein Mann kommt ziemlich spät von der Arbeit nach Hause, als ihm plötzlich einfällt, dass seine Tochter Geburtstag hat.

Also stürmt er schnell noch in ein Spielzeuggeschäft, schaut sich kurz um und sagt zur Verkäuferin: »Ich hätte gerne eine Barbie-Puppe.«

Die Verkäuferin fragt, welche es denn sein soll:

»Wir haben:

1) ›Barbie geht einkaufen‹ für 19,95,

2) ›Barbie geht an den Strand‹ für 19,95,

3) ›Barbie geht zum Opernball‹ für 19,95,

4) ›Barbie fährt in den Urlaub‹ für 19,95 und

5) ›Barbie ist geschieden‹ für 395,00 Euro.«

»Was soll denn das?«, fragt der Mann. »Alle Barbies kosten 19,95, nur ›Barbie ist geschieden‹ kostet 395,00?«

»Ja«, sagt die Verkäuferin, »bei ›Barbie ist geschieden‹ sind ja auch noch ›Ken's Haus‹, ›Ken's Boot‹, ›Ken's Auto‹ und ›Ken's Motorrad‹ dabei.«

»Vor zwei Wochen hatte ich meinen 40. Geburtstag und fühlte mich ohnehin nicht sehr wohl. Ich ging zum Frühstück. Meine Frau sagte nicht mal ›Guten Morgen‹, schon gar nicht ›Alles Gute‹. Die Kinder sagten auch kein Wort und ließen mich völlig links liegen. Auf dem Weg ins Büro fühlte ich mich niedergeschlagen. Ich ging durch die Tür zu meinem Büro. Als Uschi, meine Sekretärin, auf mich zukam und ›Alles Gute zum Geburtstag, Boss‹ sagte, fühlte ich mich schon ein bisschen besser. Wenigstens eine hatte sich erinnert. Ich arbeitete bis mittags. Pünktlich um zwölf klopfte Uschi an meine Tür und sagte: ›Es ist Ihr Geburtstag. Lassen Sie uns doch Mittagessen gehen, nur Sie und ich.‹ Wir gingen nicht in das übliche Lokal, sondern wir fuhren aufs Land zu einem kleinen gemütlichen Restaurant, um ein wenig Privatsphäre zu haben. Wir tranken zwei Martinis und erfreuten uns am köstlichen Essen. Auf dem Weg zurück ins Büro sagte Uschi: ›Wissen Sie, es ist so ein schöner Tag, und es ist Ihr Geburtstag. Wir müssen doch nicht zurück ins Büro, oder? Fahren wir doch zu mir, in meine Wohnung und trinken dort noch einen Kaffee.‹ Als wir dort ankamen, tranken wir statt Kaffee noch ein paar Martinis und rauchten gemütlich eine Zigarette. Nach einiger Zeit sagte Uschi: ›Wenn es Sie nicht stört, würde ich mir gerne etwas Gemütlicheres anziehen. Ich gehe nur schnell ins Schlafzimmer und bin gleich wieder da.‹ Nach einigen Minuten kam sie wieder heraus. Sie trug eine Geburtstagstorte in den Händen – gefolgt von meiner Frau, den Kindern sowie den engsten Mitarbeitern. Alle sangen ›Happy Birthday‹. Und ich saß nackt auf der Couch …«

Vier Männer sitzen in einer Bar und diskutieren über das Leben. Nach einiger Zeit geht einer auf die Toilette, die anderen unterhalten sich weiter.

Der Erste sagt: »Ich war wirklich verängstigt, dass mein Sohn ein Verlierer wird. Er fing an, Autos zu waschen. Dann bekam er die Chance, Verkäufer zu werden und verkaufte dabei so viele Autos, dass er die Firma kaufen konnte. Er ist heute so erfolgreich, dass er sogar seinem besten Freund einen Mercedes zum Geburtstag schenken konnte.«

Der Zweite berichtet: »Ich war ebenfalls in Sorge, dass mein Sohn ein Verlierer wird. Er war Hilfsgärtner für einen Häusermakler. Dann kriegte er die Chance und wurde selber ein so erfolgreicher Makler, dass er seinem besten Freund ein Haus zum Geburtstag schenken konnte.«

Der Dritte antwortet: »Ich war anfangs ganz sicher, dass mein Sohn ein Verlierer wird. Er putzte die Böden der Börse, bis er die Chance bekam, selber daran teilzunehmen. Er verdiente dabei so viel Geld, dass er seinem besten Freund sogar eine Million Dollar zum Geburtstag schenkte.«

Der Vierte kommt von seinem Geschäft zurück. Die drei anderen erzählen ihm, dass sie sich über ihre Kinder unterhielten.

Da sagt der Vierte: »Mein Sohn ist leider ein Verlierer geblieben! Er begann als Friseur und ist dies seit 15 Jahren. Dann habe ich herausgefunden, dass er schwul ist und viele Männerbekanntschaften hat. Aber ich sehe die gute Seite: Seine Bekanntschaften schenkten ihm einen Mercedes, ein Haus und eine Million Dollar zum Geburtstag ...«

Herr Maier will bei der Bank ein neues Konto eröffnen. Er füllt zusammen mit einem Banker das Antragsformular aus. Banker: »Name!«

Herr Maier antwortet: »Maier.«

»Vorname!«

»Georg.«

»Ihr Geburtstag?«

»Nächste Woche.«

»Nein, ich meine Geburtsdatum, wann sind Sie geboren?«

»15.04.62.«

»Beruf!«

»Tontechniker – Blöde Fremdwörter – Schreiben Sie einfach: Töpfer!«

Kläuschen kommt ganz aufgeregt ins Zoogeschäft, um den Gutschein einzulösen, den er von seiner Omi zum Geburtstag bekommen hat. »Ich möchte gerne einen Hamster haben.«

»Klar, mein Junge. Was soll's denn sein, ein Männchen oder möchtest du lieber ein Weibchen?«

»Ach, das ist mir eigentlich egal. Die Hauptsache ist, er kriegt auch Junge!«

»Guten Tag, ich möchte gern ein paar Autohandschuhe für meinen Vater zum Geburtstag!«

»Gern, welche Nummer?«

»M – FH 574!«

Eine Blondine zu ihrer blonden Tochter: »Mit 16 Jahren schon einen Freund haben, aber den 32. Geburtstag der eigenen Mutter vergessen!«

Kommt ein Indianerkind zu seiner Mutter: »Mama, warum heißt meine Schwester Apfelblüte?«
»Weil mir bei ihrer Geburt eine Apfelblüte auf den Bauch gefallen ist!«
»Mama, warum heißt meine andere Schwester Himbeerblüte?«
»Weil mir bei ihrer Geburt eine Himbeerblüte auf den Bauch geweht wurde.«
»Und wieso heiße ich dann Baum?«

Was machen die Eltern einer Blondine als Erstes nach der Geburt?
Natürlich eine Unfall- und eine Arbeitsunfähigkeitsversicherung abschließen!

Fragt das Kind die Mutter: »Wie bin ich auf die Welt gekommen?« – »Der Storch hat dich gebracht!«
»Und du?« – »Mich hat auch der Storch gebracht.«
»Und deine Mutter?«
»Die hat auch der Storch gebracht. Warum willst du denn das wissen?«
»Ist das nicht komisch? Seit drei Generationen hat es in unserer Familie keine normale Geburt mehr gegeben!«

Eine türkische Frau erwartet Zwillinge. Als es so weit ist und die Wehen einsetzen, ruft sie im Krankenhaus an. Die Zentrale erklärt ihr aber, dass sie zurzeit keinen freien Krankenwagen hätten, ihnen aber die Polizei vorbei schicken würden, die in solchen Fällen geübt wäre.

Gesagt, getan. Wenige Stunden später, kurz vor der Geburt, ruft der angekommene Polizist: »Pressen, pressen ...«

Auf einmal sieht man einen kleinen Kopf hervorschauen, der aber schnell wieder zurückweicht und sagt: »Ey, Hassan, wir müssen hinten raus, vorne stehen die Bullen!«

Welche grammatikalische Zeit ist: »Du hättest nicht geboren werden sollen?«
Präservativ Defekt!

Kommt eine hochschwangere Frau zum Bäcker und sagt: »Ich bekomme ein Weißbrot.«
Darauf der Bäcker: »Bei der Geburt will ich dabei sein ...«

Warum kriegen Babys bei der Geburt einen Klaps hintendrauf?
Damit den Dummen der Schwanz abfällt.

Weil seine Schildkröte Geburtstag hat, nimmt Fred sie mit ins Kino – *Jurassic Park* – Vorfahren anschauen! Am Schalter sagt er: »Eine Karte für mich und meine Schildkröte!«

Die Kassiererin keift: »Haustiere dürfen nicht ins Kino.«

Darauf geht Fred in eine finstere Ecke, Hosentür auf, Schildkröte rein, Hosentür zu. Dann geht er wieder zum Schalter, kauft sich eine Karte, Nüsse und Popcorn. Als der Film beginnt, öffnet er seine Hose, damit die Schildkröte auch was sehen kann. Hinter ihm sitzt ein altes Ehepaar. Die Frau stupst ihren Mann an und sagt: »Herbert, der macht was mit seinem Ding!«

Herbert antwortet: »Ja, das kann ich auch!«

»Aber Herbert, der hat seins draußen!«

»Ja, das kann ich auch!«

»Aber Herbert, seins frisst Nüsse!«

Das erste mit Hilfe von Viagra gezeugte Baby ist geboren worden. Es konnte bei der Geburt schon stehen.

Eine Frau kommt zum Gynäkologen. Die Untersuchung ergibt, dass sie schwanger ist. Sie jammert: »Ich hab so Angst vor der Geburt.«

Der Arzt beruhigt sie: »Wie es reinkommt, so kommt es auch wieder heraus.«

Darauf die Frau: »Um Gottes willen, in einem kleinen Smart und beide Beine aus dem Fenster?«

Im Kreißsaal. Geburt überstanden.

Das Neugeborene sagt als Erstes, als es die Augen aufschlägt: »$E = mc^2$.«

Dem Oberarzt ist dies verdächtig, ein Neugeborenes, welches die Relativitätstheorie beherrscht. Er operiert die Hälfte des Gehirns heraus. Als das Baby wieder erwacht, meint es: »$a^2 + b^2 = c^2$.«

Mit nur halbem Hirn immer noch den Satz des Pythagoras zu beherrschen – immer noch viel zu gescheit. So wird noch einmal eine Hälfte des verbleibenden Gehirns herausoperiert. Als das Baby wieder erwacht, schreit es: »Kompanie, stillgestanden!«

Bei einer Hausgeburt fällt plötzlich der Strom aus. Die Hebamme bittet den zum 2. Mal werdenden Vater mit einer Taschenlampe den Geburtsvorgang zu beleuchten. Dem Vater wird schlecht, er fällt in Ohnmacht. In ihrer Not ruft die Hebamme den 5-jährigen Sohn des Hauses, den kleinen Klaus, zu Hilfe. Er meistert die Sache mit der Taschenlampe bravourös. Die kleine Schwester wird geboren und die Hebamme gibt ihr einen Klaps auf den Po. »Ja genau«, ruft da der kleine Klaus, »und jetzt noch eine in die Fresse, warum muss die Kleine auch da reinkrabbeln.«

DER NEUSTE TREND: HEIRATEN AUF SKIERN!

»JAAA!« –
Über den vermeintlich schönsten Tag im Leben und seine unvorhersehbaren Folgen

Frank himmelt Anne an:
»Willst du meine Frau werden?«
»Fällt dir nichts Besseres ein?«
»Doch, aber die wollen mich alle nicht.«

»Wie hast du denn die Trennung von deiner Frau verkraftet?«
»Jetzt geht es schon wieder, aber die ersten Wochen bin ich fast verrückt geworden vor Freude!«

»Papi, wann sind eigentlich die Flitterwochen vorbei?«
»Wenn der Mann nicht mehr beim Abwasch hilft, sondern ihn alleine macht …«

Wo heiraten Boxer?
Natürlich im Ehe-Ring!

Eine Frau wacht mitten in der Nacht auf und stellt fest, dass ihr Ehemann nicht im Bett ist. Sie zieht sich ihren Morgenmantel an und verlässt das Schlafzimmer. Er sitzt am Küchentisch vor einer Tasse Kaffee, tief in Gedanken versunken ... starrt er die Wand an. Sie kann beobachten, wie ihm eine Träne aus den Augen kullert und er einen kräftigen Schluck von seinem Kaffee nimmt.

»Was ist los, Liebling? Warum sitzt du um diese Uhrzeit in der Küche?«, fragt sie ihn.

»Erinnerst du dich, als wir vor 20 Jahren unser erstes Date hatten? Du warst gerade erst 16!«, fragt er sie.

»Aber ja!«, erwidert sie.

»Erinnerst du dich daran, dass uns dein Vater dabei erwischt hat, als wir uns gerade in meinem Auto auf dem Rücksitz geliebt haben?«

»Ja, ich erinnere mich gut, das werde ich nie vergessen.«

»Erinnerst du dich auch, als er mir sein Gewehr vor das Gesicht gehalten und gesagt hat: ›Entweder du heiratest meine Tochter oder du wanderst für die nächsten 20 Jahre ins Gefängnis!‹?«

»O ja!«, sagt sie.

Er wischt sich eine weitere Träne von seiner Wange und sagt: »Weißt du ... heute wäre ich entlassen worden!«

Ein Pärchen unterhält sich:

Er: »Warum senkst du den Blick, wenn ich dir sage, dass ich dich liebe?«

Sie: »Ich will sehen, ob es wahr ist.«

Das frisch vermählte Paar sitzt in trauter Zweisamkeit vor dem Kamin.

»Schatz, wir sind bald nicht mehr zu zweit, sondern zu dritt«, flüstert sie ihm glücklich zu.

Er springt vor Freude in die Luft: »Ist das wirklich wahr, wann ist es denn so weit?«

Antwortet sie: »Schon morgen. Du kannst Mutter um 15 Uhr vom Bahnhof abholen.«

»Du hast vor der Hochzeit versprochen, mir den kleinsten Wunsch von den Augen abzulesen.«

»Das stimmt, aber ich habe immer noch nicht herausgefunden, was dein kleinster Wunsch ist.«

Sagt der Vater zu seinem Sohn: »In einer jungen Ehe sind Aufrichtigkeit und Willensstärke die wichtigsten Tugenden.«

»Was ist Aufrichtigkeit, Papa?«

»Jedes Versprechen, das man seiner Frau gibt, auch einzuhalten.«

»Und was ist Willensstärke?«

»Niemals ein Versprechen zu geben.«

Was ist der Unterschied zwischen einem glücklichen und einem unglücklichen Ehemann?

Der eine hat ein trautes Heim, der andere traut sich nicht heim!

Vater und Sohn gehen zusammen in den Zoo. Am Kamelgehege verweilen sie und sehen zu, wie sich zwei Kamele die Köpfe aneinander reiben.

Fragt der Sohn: »Vati, heiraten Kamele eigentlich auch?«

Antwortet der Vater mit einem leisen Seufzer: »Aber sicher, mein Sohn, nur Kamele heiraten ...«

Nach der Hochzeitsfeier begibt sich das junge Paar zum Hotelzimmer. Nervös fummelt der Mann mit dem Schlüssel herum und versucht fünf Minuten lang, ihn in das Schlüsselloch zu stecken. Seufzt die junge Frau: »Na, das fängt ja gut an ...«

Der kleine Fritz fragt seine Mutter: »Mama, warum ist die Braut immer weiß gekleidet?«

»Mein Kind, das bedeutet, dass dies der glücklichste Tag ihres Lebens ist!«, antwortet die Mutter.

Reibt sich der kleine Fritz an der Nase, denkt kurz nach und fragt: »Aber der Bräutigam ist doch meistens in Schwarz angezogen, oder?«

Kommt ein Nachbar zu einem Bauern ins Haus gerannt: »Du, auf deinem Feld wird gerade deine Frau vernascht!«

Der Bauer rennt raus, rennt zum Feld, kommt wieder zurück ins Haus. »Und?«, fragt der Nachbar.

Antwortet der Bauer: »War nicht mein Feld ...«

Der junge Ehemann in der Hochzeitsnacht zu seiner Frau: »Liebling, hast du noch irgendeinen Wunsch?«
»Ja, Schatz. Ich möchte von dir an drei Stellen geküsst werden.«
»Sag mir nur, wo.«
»Auf Hawaii, an den Niagarafällen und in Monaco.«

»Früher hast du mir im Bett immer die Hand gehalten«, jammert sie.
Er nimmt ihre Hand.
»Dann hast du mich immer geküsst!«
Er küsst sie.
»Und dann hast du immer zärtlich an meinem Hals geknabbert!«
Er steht auf.
»Wohin gehst du?«, fragt sie verwundert.
»Ins Bad, meine Zähne holen.«

In der Ehe kann man die Sorgen teilen, die man allein gar nicht hätte.

Die meisten Polterabende finden nicht vor der Hochzeit, sondern nach der Ehe statt.

Männer und Bargeld soll man nicht ausgehen lassen!

Zwei Jungen spielen vor der Kirche, als ein Brautpaar herauskommt. »Sollen wir den Bräutigam erschrecken?«

»Tolle Idee!«

Die beiden rennen auf die Braut zu und rufen:

»Mama, Mama, bekommen wir jetzt unser Eis?«

Bei der Goldenen Hochzeit wird der Mann gefragt: »Was war denn die schönste Zeit in diesen vielen Ehejahren?« Sagt er: »Na ja, die 10 Jahre russische Kriegsgefangenschaft im Straflager.«

Wer den Himmel auf Erden sucht, hat im Erdkundeunterricht geschlafen.

»Ich bin jetzt 20 Jahre verheiratet und liebe immer noch dieselbe Frau.«

»Na, das ist doch wunderbar!«

»Finden Sie? Wenn meine Frau das erfährt, bringt sie mich um.«

»Ich habe eine tolle Idee«, sagte die Frau zu ihrem Mann. »Lass uns heute Abend ausgehen und uns amüsieren.« »Ausgezeichnet!«, erwiderte der Ehemann. »Wenn du vor mir zu Hause bist, lass bitte das Licht an.«

Ein älteres Ehepaar beobachtet im Park ein junges Liebespaar.

Plötzlich sagt die Frau: »Paul, ich glaube, er will ihr einen Heiratsantrag machen. Pfeif doch mal, damit er gewarnt ist!«

Antwortet er: »Warum sollte ich. Bei mir hat ja auch keiner gepfiffen!«

Beim Examen wird der Jurist gefragt: »Was ist die Höchststrafe für Bigamie?«

»Zwei Schwiegermütter …«

Am Morgen nach der ersten Hochzeitsnacht.

Sie: »Was bist du eigentlich von Beruf?«

Er: »Anästhesist.«

Sie: »Dachte ich mir, ich hab überhaupt nichts gemerkt.«

Nach der Hochzeitsnacht fragt er: »Süße, kochst du uns einen schönen Kaffee? Oder kannst du das etwa auch nicht?«

»Ich muss dir etwas gestehen«, sagt die junge Frau in der Hochzeitsnacht, »ich bin Nymphomanin.«

»Aber das macht doch nix, mein Liebling, ich werde schon aufpassen, dass du keine Häuser anzündest.«

Ein Ehepaar ist seit 30 Jahren verheiratet und man feiert in dem Zimmer des Hotels, wo man die Hochzeitsnacht verbracht hatte. Der Mann liegt schon im Bett, als seine Frau aus dem Bad kommt, splitternackt, genau wie damals.

Verführerisch fragt sie ihn: »Sag mal, Liebling, was hast du damals gedacht, als ich so aus dem Bad kam?«

Er erwidert: »Ich habe dich gemustert und mir gedacht, ich möchte deine Brüste aussaugen und dir den Verstand wegbumsen!«

»Und was denkst du heute?«, fragt sie mit vor Erregung zitternder Stimme.

Meint der Mann: »Ich denke, dass mir das ganz gut gelungen ist!«

Nach der Hochzeitsnacht ruft Sylvia den Zimmerkellner: »Bringen Sie bitte meinem Mann eine Riesenportion Salat und rote Möhren.«

»Sonst nichts?«

»Nein, ich will nur wissen, ob er auch wie ein Karnickel isst!«

Zwei Freundinnen unterhalten sich.

Sagt die eine: »Ich möchte einmal gerne in Weiß heiraten.«

Sagt die andere: »Das kann nicht mehr lange dauern, denn grau bist du ja schon.«

Ein Ehepaar feiert ganz groß seinen 40. Hochzeitstag.
Fragt einer der Gäste die Ehefrau: »Wie hält man es eigentlich so lange miteinander aus?«
»Tja, wir verstehen uns blind. Wir haben zum Beispiel immer die Handtücher gemeinsam benutzt. Auf dem einen steht ein A für Antlitz und auf dem andern ein G für Gesäß.«
»Wie?«, mischt sich der Ehemann ein, »ich dachte immer, es hieße Arsch und Gesicht.«

Ein Ehemann schreibt von Sylt an seine Frau: »Liebe Else, der Wind heult, das Meer tobt, und ich muss immer an dich denken.«

Ein junges Paar beim Sonntagsausflug. Die Autofahrt führt über idyllische Ortschaften, durch herrliche Wälder und Wiesen. An einer Waldlichtung bricht die junge Frau plötzlich in heftiges Weinen aus. »Du liebst mich nicht mehr!«, schluchzt sie.
Mit großen Augen blickt sie ihr Mann an und fragt: »Wie kommst du nur auf so etwas Absurdes?«
»Na ja, als wir noch frisch verliebt waren, hattest du hier immer eine Reifenpanne!«

»Schatzi, bin ich wirklich dein erster Mann?«
»Natürlich. Ich frage mich, warum ihr Kerle immer dasselbe fragt.«

Otmar kleinlaut beim Frühstück: »War ich gestern beim Nachhausekommen sehr laut?«
»Du nicht, aber die anderen vier, die dich hereingetragen haben!«

Ein Boxer in der Hochzeitsnacht. Er zieht sich aus und trommelt mit seinen beiden Fäusten triumphierend auf seinen mächtigen Brustkorb: »Schau nur richtig hin, mein Liebes, das sind 200 Pfund reinstes Dynamit!«
»Ja, ja«, entgegnet sie etwas gelangweilt, »so viel Dynamit und so wenig Zündschnur!«

Alfons berichtet seiner Frau vom gestrigen Goldene-Hochzeit-Fest: »Du, das Fest war großartig, sogar eine goldene Toilette hatten die!«
»Ein goldenes Klo?«, fragt seine Gattin erstaunt und mag es nicht glauben. »Das will ich sehen.« Also fahren sie hin, klingeln, die Hausfrau öffnet die Tür. »Entschuldigen Sie, ich war gestern auf Ihrem Fest und wollte meiner Frau Ihr edles Klosett zeigen«, erklärt Alfons.
»Heinrich«, ruft die Frau in die Küche, »das ist der Typ, der gestern in deine Tuba gemacht hat!«

Das junge Ehepaar liegt zusammen auf dem Sofa.
»Süße, ich werde dich zur glücklichsten Frau der Welt machen.«
»Du wirst mir schon ein bisschen fehlen.«

Unter Freundinnen:
»Was möchtest du bei richtig gutem Sex nie hören?«
»Haaase, ich bin zu Hause!«

Es gibt zwei große Enttäuschungen im Leben eines gestandenen Mannes:
Die erste, wenn er bemerkt, dass er nicht noch ein zweites Mal kann.
Die zweite, wenn er feststellt, dass das erste Mal auch nicht mehr klappt.

Ein Fünfzigjähriger will eine Zwanzigjährige heiraten. Sein Kumpel zu ihm: »Bedenk doch, nach zehn Jahren bist du sechzig und sie dreißig, noch mal zehn Jahre drauf – du bist siebzig und sie ist vierzig. Was willst du mit so einer alten Schachtel?«

Zwei Freunde treffen sich, fragt der eine: »Sag mal, bist du inzwischen verheiratet?«
Meint der andere: »Wir feiern gerade ›die Wollene‹ – sie hätte wollen, aber ich noch nicht!«

Braut und Bräutigam stehen vor dem Altar.
Sagt der Pfarrer: »Reicht euch nun die Hände, ab jetzt seid ihr Mann und Frau!«
Bräutigam: »Ach nee, und was waren wir vorher?«

Ein Hochzeitspaar steht in der Hochzeitsnacht im Schlafzimmer. Sagt der Mann zu seiner Frau: »Rechts ist meine Nachttischschublade und links ist deine. Ist das klar?«

»Ja.«

Sagt der Mann: »Da darfst du in der Zeit, in der wir verheiratet sind, nicht dran gehen. Ist das klar?«

»Sonnenklar.«

Nach 25 Jahren Ehe fragt sich die Frau, was in der Nachttischschublade liegt. Sie schaut rein und entdeckt drei Eier und 1500 Euro. Am Abend stellt sie ihren Mann zur Rede. »Du, hör mal, Schatz, was haben eigentlich die drei Eier in deiner Nachttischschublade zu bedeuten?«

»Ja«, sagt der Mann, »Schatz, das musst du dir so vorstellen: In den 25 Jahren Ehe bin ich fremdgegangen, und für jedes Fremdgehen habe ich ein Ei in diese Schublade reingelegt.«

»Das kann ich ja noch verstehen«, sagt die Frau, »aber was haben die 1500 Euro zu bedeuten?«

Darauf der Mann: »Na ja, jedes Mal, wenn die Schublade voll war, hab ich die Eier verkauft!«

»Nicht auch noch das!« –
Über Merkel, Stoiber & Co.

Angela Merkel ist Kandidatin in einer Quizsendung. »Und nun die entscheidende Frage, Frau Merkel, wie viele Inseln gibt es in der Nordsee und wie heißen sie?« »Es gibt sehr viele Inseln in der Nordsee. Und ich heiße Angela Merkel!«

Arafat ist gestorben und steht vor der Himmelstür. Wie immer ist er schwer bewaffnet und trägt ein Maschinengewehr und eine Pistole. Arafat klopft an der Tür, Petrus öffnet. Arafat: »Ja, hallo, ich möchte hier rein!«
Petrus: »Nee, geht nicht! Denn bewaffnet kommt hier schon gar keiner rein!«
Arafat riskiert einen Blick durch die Himmelstür und sieht einen großen, bärtigen Mann auf einem hohen Stuhl sitzen, der ein großes Gewehr in der Hand hält.
Arafat: »Aber Petrus, selbst Gott hat ein Gewehr, warum darf ich das nicht?«
Petrus: »Das ist 'ne Ausnahme. Und außerdem ist das gar nicht Gott. Das ist Karl Marx, der wartet auf Erich Honecker!«

Der britische Verkehrsminister will England europäisieren: Er will den Rechtsverkehr einführen. Allerdings ist er sich noch nicht ganz sicher, ob das wirklich eine so gute Idee ist, und deshalb gibt es zunächst einmal eine Übergangsregelung: In den ersten vier Wochen fahren nur die Busse rechts ...

Die Bundeskanzlerin hat eine Audienz beim Papst. »Ich freue mich ja so, dass ich gerade heute an Ihrem Namenstag hier sein kann«, strahlt Angela.
Meint der Papst: »Aber, Frau Merkel, heut ist weder Joseph noch Benedikt.«
»Nein, aber der Sechzehnte.«

Der Bundestag hat jetzt im Organspendegesetz beschlossen, dass der Tod durch den Gehirntod festgestellt wird. Das wird Paris Hilton aber gar nicht gefallen ...

Was macht Angela Merkel mit ihren alten Kleidern?
Sie trägt sie.

George W. Bush kommt nach Deutschland und trifft Angela Merkel. Er sieht erstaunt aus und denkt sich: »Hm, Deutschland hat auch Biowaffen!«

Schröder, Fischer und Merkel fliegen mit einem Helikopter über Bayern.

Sagt Schröder: »Wenn ich einen 100-Euro-Schein runter werfe, freut sich ein Bayer.«

Sagt Fischer: »Wenn ich zehn 10-Euro-Scheine runter werfe, freuen sich zehn Bayern.«

Sagt Merkel: »Wenn ich hundert 1-Euro-Stücke runter werfe, freuen sich hundert Bayern.«

Darauf der Pilot: »Wenn ihr nicht bald euer Maul haltet, schmeiße ich euch alle drei runter. Und dann freut sich ganz Deutschland.«

Was ist der Unterschied zwischen einem Theater und dem Bundestag?

Im Theater werden gute Schauspieler schlecht bezahlt!

Edmund Stoiber macht einen Besuch auf einem Bauernhof und lädt dazu auch die Presse ein. Ein Fotograf knipst ihn im Schweinestall.

Stoiber sagt zu dem Fotografen: »Dass ihr mir aber nicht so blödes Zeug unter das Bild schreibt wie *Stoiber und die Schweine* oder so!«

»Nein, nein, natürlich nicht.«

Am nächsten Tag ist das Bild in der Zeitung und darunter zu lesen: »Stoiber (3.v.l.)«.

Was ist der Unterschied zwischen einem Telefon und einem Politiker?
Das Telefon kann man aufhängen, wenn man sich verwählt hat.

Steht ein Amerikaner am Highway im Stau. Klopft einer an sein Fenster und sagt:
»Wir sammeln Geld! George W. Bush ist von Terroristen entführt worden, die verlangen 2 Millionen Dollar! Sonst überschütten sie ihn mit Benzin!«
Der Fahrer darauf: »Oje. Das ist gar nicht gut! Und wie viel haben die anderen so gegeben?«
Der Fremde darauf: »So zwischen zwei und drei Liter!«

Die drei Staatsoberhäupter Bush, Putin und Merkel dürfen eine Audienz mit Gott halten.
Zuerst fragt Bush: »Wird Amerika in 200 Jahren immer noch kapitalistisch und die Weltmacht sein?«
Gott verneint, worauf sich Bush umdreht und weint.
Als Nächstes fragt Putin: »Wird es in 200 Jahren in Russland genügend Essen und Wohlstand geben?«
Gott verneint wieder, worauf sich Putin umdreht und weint.
Dann fragt Merkel: »Wie wird es in 200 Jahren in Deutschland aussehen?«
Gott dreht sich um und weint!

Ich liebe Politiker auf Wahlplakaten: tragbar, geräuschlos und leicht zu entfernen.

Was ist der Unterschied zwischen der FDP und einem Sportwagen?
Der Sportwagen hat mehr Sitze …

Vladimir Putin überlebt nur knapp einen Flugzeugabsturz und liegt drei Jahre im Koma. Als er aufwacht, fragt er einen seiner Berater: »Wie ist denn die Wirtschaftslage?«
Dieser antwortet: »Gut, jedes Jahr 2 Prozent Wachstum!«
»Wie viel Arbeitslose haben wir?«
»Quote unter 1,5 Prozent!«
Putin staunt und fragt: »Was kostet dann ein Wodka?«
»2 Euro …«

Neulich beim Friseur: »Ich hätte gerne eine neue Frisur, vielleicht so ähnlich wie Friedrich Merz.«
»Ich glaube nicht, dass Ihnen das steht!«
»Dann vielleicht so einen schönen Scheitel wie unser Ex-bundeskanzler.«
»Aber das passt überhaupt nicht zu Ihrem Gesicht!«
»Na gut, dann machen Sie so wie immer!«
»Alles klar, Frau Merkel!«

Nach dem Krieg wollen die USA den Irak in drei Besatzungszonen aufteilen:
Super, Super Plus und Diesel.

Schröder, Fischer und Scharping gehen im Wald Schnecken sammeln.
Sie wollen sich in einer Stunde wieder treffen und schließen eine Wette ab, wer die meisten Schnecken sammelt.
Sie treffen sich nach 'ner Stunde wieder.
Schröder sagt: »Gucke mal, ich habe 5 Schnecken gefunden.«
Darauf Fischer: »Ach das ist doch gar nichts, ich habe 10 Schnecken gesammelt.«
Dann Scharping: »Jaaaaaaaa alsooooooo, immer wenn ich mich gebückt haaaabeeeeee … schwups warn sie wech.«

Was haben die Spendenaffäre der CDU und eine künstliche Befruchtung gemeinsam?
Die Spender bleiben anonym.

Der Exkanzler Helmut Kohl steht vor einem Kindergarten und wartet auf seinen Wagen. Da fragt ihn eine Frau: »Erwarten Sie ein Kind?«
Darauf antwortet Helmut: »Nein, meine Dame. Ich bin schon immer so dick …«

Putin und Schröder lassen sich einfrieren, um der Nachwelt erhalten zu bleiben. Nach einigen Jahren werden sie wieder aufgetaut. Leider ist niemand im Labor, der ihnen sagen könnte, was für ein Jahr gerade ist, also beschließen sie zum nächsten Zeitschriftenstand zu gehen. Sie kaufen sich beide eine Zeitung und fangen an darin zu lesen. Irgendwann fängt Putin lauthals zu lachen an.

Schröder: »Warum lachst du so?«

Putin: »Hier steht, dass es schon wieder 10 Millionen Arbeitslose mehr in Deutschland gibt.«

Schröder grummelt kurz vor sich hin und beide lesen weiter. Plötzlich bricht Schröder in schallendes Gelächter aus.

Putin: »Warum lachst du denn jetzt so?«

Schröder: »Hier steht geschrieben: Schon wieder neue Konflikte an der deutsch-chinesischen Grenze!«

Gerhard Schröder und seine Frau Doris fahren im Auto übers Land. Da sehen sie einen Bauern auf der Straße Pferdeäpfel zusammenkehren.

Gerhard lässt halten und fragt den Bauern: »Guter Mann, wofür brauchen Sie die Pferdeäpfel?«

Antwortet der Bauer: »Die kommen auf die Erdbeeren!«

Sagt Gerhard zu Doris: »Siehst du, Doris, es muss nicht immer Schlagsahne sein!«

Warum haben die Frauen von Bin Laden keine Scham-haare?
Bin Laden hat gesagt, der Bush muss weg!

In der SPD-Zentrale klingelt das Telefon. Eine Stimme fragt: »Können Sie mir den CDU-Kanzlerkandidaten nennen?« Der Angestellte sucht in den Akten, bis ihm eine bessere Lösung einfällt: »Warum rufen Sie nicht einfach in der CDU-Zentrale an, die können Ihnen sofort Auskunft geben.«
Die Stimme antwortet in kläglichem Ton: »Hier ist die CDU-Zentrale ...«

Wie viele FDPler braucht man, um eine Birne zu wech-seln?
Keinen. Wenn die Rahmenbedingungen stimmen und die Steuern gesenkt werden, wird der Markt dafür sor-gen, dass sich die Birnen von selbst wechseln.

Was macht der sparsame Politiker?
Er sagt zum Volk: »Wir müssen sparen, koste es, was es wolle!«

Osama Bin Laden und George W. Bush spielen Schach!
Wer verliert?
George Bush, weil er keine Türme mehr hat!

Exbundeskanzler Schröder ließ kürzlich über streng geheime Wege und ganz diskret ein Callgirl zu sich rufen. Als die Dame Schröders Hotelzimmer betrat und erkannte, wer ihr Kunde war, klärte sie die Preisfrage folgendermaßen:

»Herr Bundeskanzler, wenn Sie mein Kleid so hoch heben können wie meine Steuern und meinen Slip so weit runter ziehen können wie mein Einkommen, Ihr Schniedel dann so hart wird wie diese Zeiten und so hoch kommt wie die Spritpreise und Sie mich dann so aufs Kreuz legen, wie Sie das mit dem deutschen Volk getan haben, dann, glauben Sie mir, kostet Sie das hier keinen verdammten Cent!«

Merkel weiht einen Staudamm ein: »Und hiermit möchte ich allen danken, die durch selbstlose Arbeit den Bau dieses Staudammes möglich machten. Danke auch an die vielen Matrosen!«
Ihr Berater flüstert ihr zu: »Frau Merkel, Matrosen sind quergestreift!«

Zwei Politiker unterhalten sich:
»Es gibt nur eine Art, auf ehrliche Weise das große Geld zu verdienen.«
»Ach, und welche soll das sein, Herr Kollege?«
»Wusste ich doch, dass Sie die auch nicht kennen!«

Es unterhielten sich neulich zwei Bestatter.

Fragt der eine: »Na, wie läuft dein Geschäft denn so?«

»Ach, nicht so gut, und bei dir?«

»Ich kann nicht klagen. Letzte Woche alleine drei normale Bestattungen, zwanzig Feuerbestattungen und fünf Kompostierungen.«

»Wie bitte? Sag das noch mal!«

»Drei normale Bestattungen, zwanzig Feuerbestattungen und fünf Kompostierungen!«

»Seit wann gibt es denn Kompostierungen?«

»Nun ja, die Grünen kommen auch langsam in die Jahre.«

Da hat doch im Radiosender Bayern 3 ein Betroffener live auf die Frage: »Wie finden Sie es, dass unser Finanzminister sich hier vor Ort von der Katastrophe ein Bild macht?« ganz trocken geantwortet: »Eigentlich ganz gut, wir können jeden Sandsack brauchen!«

Umfrage bei den amerikanischen Frauen: »Würden Sie mit Bill Clinton schlafen?«

69 Prozent der Antworten: Nie wieder.

Als Kind war für Oskar klar: Wenn ich mal groß bin, werde ich Bundeskanzler. Beides hat er nicht geschafft!

Es gibt Staubsaugervertreter, die verkaufen Staubsauger.

Es gibt Versicherungsvertreter, die verkaufen Versicherungen.

Und dann gibt es noch die Volksvertreter ...

Der kürzeste Witz im Englischen Königshaus:
Lady Die!

Schröder, Merkel und Stoiber fahren mit einem Boot auf dem Rhein. Plötzlich geht das Boot unter. Wer wird gerettet?
Deutschland!

Warum kommt Exkanzler Kohl nicht in den Himmel?
Weil er nicht durchs Ozonloch passt.

Treffen sich Merkel und Schröder im Magen von George W. Bush.
Sagt Schröder: »Ich glaube, der Bush hat mich gefressen.«
Darauf Merkel: »Kann ich nichts zu sagen, ich kam von der anderen Seite rein.«

Krieg ist Gottes Art, den Amerikanern Geographie beizubringen!

Zwei Passanten füttern Tauben.
Sagt der eine: »Tauben sind wie Politiker.«
»Wieso?«, fragt der andere.
»Solange sie unten sind, fressen sie einem aus der Hand. Aber sobald sie oben sind, bescheißen sie uns!«

»Wissen Sie, warum Minister so ungern mit dem Zug fahren?«
»Nein.«
»Weil die Stationsvorsteher immer rufen: Bitte zurücktreten!«

Warum kann Wolfgang Schäuble nicht schwul sein?
Er kriegt doch seinen Arsch nicht hoch!

Wie heißt Angela Merkels Lieblingsbier?
Hasseschröder Weizen.

Was ist der Unterschied zwischen einem Manta und Angela Merkel?
Den Manta kann man frisieren.

Frage an Angela Merkel: »Hat Ihnen schon mal jemand gesagt, dass Sie aussehen wie Claudia Schiffer?«
Merkel ist erfreut und antwortet: »Nein!«
»Das dachte ich mir!«

Wahlen sind kostenlos.
Manche sagen umsonst!

»Hör mal, wo der Hammer hängt ...« – Über Schreiner, Maurer und andere Gesellen

Drei Handwerker diskutieren über das Alter ihres Berufes. Jeder glaubt den älteren zu haben.
Sagt der Maurer: »Ich habe den ältesten Beruf, wir Maurer haben schon die Pyramiden in Ägypten gebaut!«
Antwortet der Gärtner: »Das ist noch gar nichts. Mein Beruf ist noch älter, wir Gärtner haben schon den Garten Eden gepflanzt!«
Sagt der Elektriker: »Ach was! Die Elektriker sind die ältesten: Als Gott sprach, dass es Licht werde, haben wir schon vorher die Leitungen verlegt!«

Wenn man etwas auf dem Dach sieht und es bewegt sich, dann sind es Tauben. Wenn es sich nicht bewegt, dann sind es Dachdecker!!

Was ist der Unterschied zwischen Milchreis und einem Elektriker?
Den Milchreis isst man mit Zucker und Zimt, der Elektriker liegt im Zimmer und zuckt.

Zwei Dachdecker arbeiten kurz vor Mittag auf dem Kirchturm. Fällt der eine runter und bleibt am großen Zeiger der Uhr hängen. Der andere arbeitet seelenruhig weiter bis 12 und geht dann ins Restaurant essen.

Fragt die Serviererin: »Kommt Ihr Kollege heute nicht?«

Der Dachdecker schaut auf die Uhr und meint: »Doch, doch, aber erst nach Viertel nach 12.«

Endlich sind die beiden Teppichverleger mit dem großen Wohnzimmer fertig. Aber der neue Teppichboden hat in der Mitte noch eine Beule. »Das sind meine Zigaretten«, sagt der eine Arbeiter: »Ehe wir alles noch einmal rausreißen, treten wir die einfach platt.« Gesagt, getan. Da kommt die Dame des Hauses herein. »Ich habe Ihnen Kaffee gemacht. Und einer von Ihnen hat seine Zigaretten in der Küche liegen lassen. Ach übrigens, haben Sie unseren Hamster gesehen?«

»Da schickt man uns bei diesem Mistwetter raus, um die Klingel zu reparieren«, sagte der Elektriker, »und dann öffnet keiner!«

Was ist schwarz und klebt an der Wand?
Ein Elektriker, der einen entscheidenden Fehler gemacht hat!

»Guten Tag«, sagt der Elektriker zu dem Patienten, der an die Lungenmaschine angeschlossen ist, »ich muss Sie bitten, mal kräftig durchzuatmen.«
»Warum?«, keucht der Patient.
»Ich werde jetzt für eine Viertelstunde den Strom abschalten.«

Ein Handwerker stirbt und schwebt gen Himmel. Vor Petrus baut er sich auf und fängt an zu schimpfen: »Was für eine Frechheit, mich aus dem besten Alter herauszureißen! Ich bin gerade mal 41 Jahre alt, da kann man einen doch nicht so sterben lassen …«
Petrus studiert das Goldene Buch und meint schließlich: »Also, nach den Stunden, die du deinen Kunden berechnet hast, bist du 120 Jahre alt.«

Sagt der Chef zum neuen Mitarbeiter:
»Aus Holz sind Sie jedenfalls nicht, Herr Müller – Holz arbeitet nämlich.«

An der Schreinerei hing ein Zettel mit folgender Aufschrift: »Für eine Viertelstunde geschlossen. Bin rasch ein Bier trinken! Herr Eierling.«
Darunter hing ein weiterer Zettel: »Er wird sofort wieder da sein, bin ihn holen gegangen. Frau Eierling.«

An einer Steigung steht ein Schreinerlehrling mit einem kleinen Handwagen, auf dem ein großer Schrank liegt. Er schafft es nicht, den Wagen hinaufzuschieben. Da kommt ihm ein freundlicher Passant zu Hilfe. Als sie oben sind, sagt er: »Also das verstehe ich nicht, dass dich dein Chef mit so einem großen Schrank allein wegschickt!«

Darauf der Lehrling: »Er hat gesagt, ich werde schon irgendwo einen Blöden finden, der mir hilft!«

Auf dem Bau fällt ein Schreiner vom Gerüst und bricht sich das Genick. Die anderen Bauarbeiter stehen um die Leiche herum und wissen nicht, was sie tun sollen.

Schließlich kommt der Polier und ordnet an: »Zuerst nehmt ihm mal die Hände aus den Taschen, damit das wie ein Arbeitsunfall aussieht ...«

Zwei Männer stehen interessiert vor einer Großbaustelle. »Sie, Herr Nachbar, was sind denn das da oben für Skulpturen?«, fragt der eine.

»Welche Skulpturen?«

»Na, die da oben im vierten Stock!«

»Das sind doch keine Skulpturen, das sind Schreiner!«

»Schreiner? Das gibt's doch nicht. Ich stehe doch jetzt schon bald eine Stunde hier, und die haben sich noch nicht bewegt!«

»Ja«, meint der andere, »da müssen Sie bis fünf Uhr warten!«

»Mann«, schnauzt der Schreinermeister seinen Lehrling an, »dass du beim Arbeiten mit der Kreissäge besser aufpassen musst, das kannst du dir doch an deinen drei Fingern abzählen!«

Drei Männer arbeiteten an einem Hochhaus: Steffen, Mario und Karl.

Steffen fällt herunter und ist sofort tot. Als die Ambulanz die Leiche fortbringt, sagt Karl: »Jemand sollte gehen und es seiner Frau sagen.«

Mario meint: »O.k., ich bin sehr einfühlsam. Ich werde gehen.«

Stunden später kommt er zurück und hat ein Sixpack unter dem Arm.

Karl fragt: »Wo hast du denn das her?«

»Steffens Frau hat es mir gegeben.«

»Das ist unglaublich; du sagst ihr, dass ihr Mann tot ist und sie gibt dir noch Bier?«

Mario: »Also ... es war ein bisschen anders ... Als sie die Tür geöffnet hat, habe ich gesagt: ›Sie müssen Steffens Witwe sein‹. Sie erwiderte: ›Nein, ich bin keine Witwe.‹ Und ich sagte: ›Wollen wir um einen Sixpack wetten?‹«

Was denkt ein Schornsteinfeger, wenn er über den Zebrastreifen geht?

»Man sieht mich, man sieht mich nicht, man sieht mich, man sieht mich nicht ...«

Der Chef der Baufirma kommt auf die Baustelle und sieht einen Arbeiter mit leerer Schubkarre hin und her fahren. Er spricht den Mann an: »Warum fahren Sie mit leerer Schubkarre herum?«

Darauf antwortet der Arbeiter: »Akkord, Chef, keine Zeit zum Laden.«

Stotternder Schmied zu seinem Gesellen: »Heute sch-sch-schmieden wir einen Hammer. Du haust auf den Stahlklotz so lange drauf, bis ich STOP sage.« Der Geselle haut wie wild rein, als plötzlich der Schmied anfängt: »Sch … Sch … Sch … Sch … Scheiße, w-w-wird 'ne Sch-Sch-Schippe.«

Der Lehrling erhält vom Meister den Auftrag, die Bundesstraße mit einem neuen Mittelstreifen zu versehen. Am ersten Tag schafft er 4, am zweiten 2 Kilometer, am sechsten Tag nur noch 400 Meter. Der Meister bescheinigt ihm: »Angefangen hast du ja ganz gut, aber dann hast du stark nachgelassen!«

Antwortet der Lehrling: »Der Farbtopf ist auch immer weiter weg von mir gewesen!«

Fragt der Malermeister seinen Sohn: »Wann ist Mutter denn endlich fertig mit Schminken?«

Darauf der Kleine: »Mit dem Unterputz ist sie schon fertig, sie macht gerade den ersten Anstrich.«

Am Nonnenkloster wird die Fassade erneuert.

Steht ein Arbeiter auf dem Gerüst und muss pinkeln. Da er keine Lust hat, runter zu gehen, holt er »ihn« raus und will gerade runter pinkeln, als eine Nonne aus dem Fenster sieht und fragt: »Was ist das denn?«

Darauf antwortet der Mann verlegen: »Nun ja, das ist der Baum des Lebens, wenn man ihn anfasst, dann wächst er.«

Die Nonne will gerade dran fassen, da ruft die Schwester Oberin: »Schwester Maria, was tust du denn da?«

Die Nonne erklärt ihr, was der Mann gesagt hat – darauf die Oberin: »Glaub dem kein Wort, mir hat er gestern erzählt, es wäre eine Trompete; ich hab darauf geblasen, aber da kam kein einziger Ton heraus.«

Zwei Förster im Wald auf einem Baum sitzend sägen ihren Ast auf der falschen Seite an. Ein vorüber gehender Wandersmann verweist auf die schmerzhaften Folgen. Empört verbieten sich die Fachleute den Rat eines Unkundigen. Es kam, wie es kommen musste. Als der Wandersmann zurückkehrte, lagen beide vor Schmerzen stöhnend neben dem abgesägten Ast auf dem Boden und der eine meinte zum andern: »Schau, da kommt ja der Hellseher!«

Kommt ein Mann in eine Metzgerei und sagt: »Ich hätte gerne 500 Gramm von der Groben Fetten.«

Antwortet der Metzger: »Tut mir leid, die hat heute Berufsschule!«

Heizungsbauer Fred hat auf der Baustelle eine Rohrleitung auf die Nase bekommen. Als die Nase mehr und mehr anschwillt, schickt ihn der Bauleiter zum Arzt. Der betrachtet den entstellten Riecher und fragt: »Haben Sie auf der Baustelle schon feuchte Umschläge über Ihre Nase gemacht?«

»Nein, nur dämliche Witze!«, antwortet Fred.

Was haben Handwerker und Prostituierte gemeinsam? Beide kommen nicht!

»Na, Susi, wo willst du denn hin?«

Susi: »Ich will zum Schneider, meinen Minirock kürzer machen lassen.«

Am selben Tag beim Schneider: »Guten Tag, liebes Fräulein, was wünschen Sie?«

»Ich möchte meinen Minirock kürzer machen lassen.«

Der Schneider: »Was, den Minirock noch kürzer? Dann müssen Sie aber vorher erst zum Elektriker gehen.«

Susi fragt: »Aber ich will doch nur meinen Minirock kürzer machen lassen.«

Schneider: »Ja, liebes Fräulein, wenn ich Ihnen das sage, dann rennen Sie freiwillig zum Elektriker – denn wenn ich Ihnen den Minirock noch kürzer machen soll, dann muss der Elektriker erst einmal Ihre Steckdose ein bisschen nach oben versetzen.«

»Warum erzählen Sie Ihren Kunden beim Haareschneiden immer diese Gruselgeschichten?«, fragt der Lehrling seinen Chef.

»Ist doch klar, mein Junge«, antwortet der Meister mit einem verschmitzten Lächeln, »dann stehen den Leuten die Haare zu Berge, und ich kann besser schneiden …!«

Ein Maurer, der auf einem Gerüst steht, holt plötzlich mit der Kelle aus und erschlägt eine Nacktschnecke. Er wischt sich den Schweiß von der Stirn und sagt zu seinem Kumpel: »Die hat mich schon den ganzen Tag verfolgt …«

Warum arbeiten Maurer nur 6 Monate im Jahr?
Weil in den anderen 6 Monaten das Bier gefriert.

Treffen sich zwei Klempner.
Meint der eine: »Gestern habe ich 55 Meter Rohr verlegt!«
Daraufhin der andere: »Ach, die finden wir schon wieder!«

Ein Glaser reparierte 37 Fensterscheiben, bis er bemerkte, dass er einen Sprung in der Brille hatte …

»Ich komme, um das Waschbecken bei Ihnen zu reparieren.«

»Aber das ist doch gar nicht kaputt.«

»Ja, haben Sie mich denn nicht selbst angerufen, Frau Müller?«

»Ich heiße Bauer. Familie Müller ist vor einem Jahr ausgezogen!«

»Das ist ja unglaublich! Erst bestellen die Leute dringend einen Klempner, und dann ziehen sie einfach um!«

Eine Blondine stürmt in eine Werkstatt und ist völlig abgehetzt: »Bitte, Sie müssen mir dringend helfen, ich hab mich aus dem Auto ausgesperrt und ich habe es sehr eilig.«

Der Mechaniker hat aber selbst gerade einen Kunden und wenig Zeit, daher bietet er ihr einen Draht an, mit dem sie versuchen soll, selbst die Tür von außen zu öffnen. Die Blondine befolgt diesen Rat. Nach einer halben Stunde kommt ein sich vor Lachen ausschüttender Passant in die Werkstatt. Auf die Frage des Mechanikers, warum er denn so lacht, antwortet er: »Da draußen steht eine Blondine neben ihrem Wagen und versucht mit einem Draht die Tür aufzukriegen.«

»Aber das ist doch nichts Besonderes, den Draht hat sie ja von mir«, antwortet der Mechaniker.

Darauf der Passant: »Ja, aber im Auto sitzt eine zweite Blondine und sagt: ›Ein bisschen links, ein bisschen rechts …‹«

Ein hochnäsiger Professor trifft vor seinem Haus den Installateur und fragt ihn: »Woher des Weges zu dieser frühen Stunde des Morgens, du Mann des Wassers?« Der Angesprochene antwortet, ohne lange zu überlegen: »Ich habe gelöscht die Leidenschaft des Feuers bei der Gattin des Professors, du Loch des Arsches!«

Ruft ein Arzt den Installateur an: »Bei mir zu Hause ist eine Wasserleitung geplatzt.«
»Es ist ja mitten in der Nacht«, antwortet der Installateur.
Der Arzt: »Wenn Ihnen was fehlt, muss ich ja auch mitten in der Nacht kommen.«
Zehn Minuten später ist der Installateur beim Arzt. Sie öffnen die Kellertür. Das Wasser steht schon bald einen Meter hoch.
»Sieht nicht gut aus«, brummt der Installateur, und er beginnt in seiner Werkzeugkiste zu kramen. Er findet zwei große Gummidichtungen. Die wirft er ins Wasser und sagt zum Arzt: »Wenn's bis morgen nicht besser wird, rufen Sie mich wieder an.«

Warum hat Michael Schumacher sechs polnische Mechaniker eingestellt?
Sie sind die weltbesten Autoschieber!

Was ist, wenn der Schornsteinfeger in den Schnee fällt?
Winter!

Treffen sich zwei Maurer. Meint der eine: »Mann, siehst du schlecht aus! Was ist denn los?«
Antwortet der andere: »Schlepp du mal von morgens 8 bis abends 17 Uhr zentnerschwere Säcke aus einem Lkw in den fünften Stock!«
»Oh, das ist hart. Seit wann machst du das denn?«
»Nächsten Montag fange ich an...«

Der Meister lässt seinen Azubi für ein paar Stunden alleine in der Schreinerei. Um zu überprüfen, ob er auch alles richtig macht, ruft er den Lehrling von unterwegs mit verstellter Stimme an.
Meister: »Guten Tag, ich wollte fragen, ob Sie auch Astlöcher verkaufen?«
Azubi: »Ja, natürlich. Davon haben wir jede Menge.«
Meister: »Gut, dann möchte ich gerne mal 1000 Stück bestellen.«
Azubi: »Tut mir leid, das geht im Moment leider nicht.«
Meister: »Warum denn nicht?«
Azubi: »Wir exportieren im Moment alle nach Amerika.«
Meister: »Nach Amerika? Was machen die Amerikaner denn damit?«
Azubi: »Die machen daraus die Arschlöcher für Schaukelpferde ...«

»Wo zum Teufel ist mein Bleistift?«, fragt der Chef die Sekretärin.

Darauf diese: »Aber hinter Ihrem Ohr ist er doch!«

Chef: »Hören Sie, ich hab wirklich keine Zeit zum Suchen, hinter welchem?«

»Wie sind Sie denn zu diesem traurigen Gewerbe gekommen?«, wird der Bestattungsunternehmer gefragt.

»Von meinem Vater geerbt.«

»Sie hätten ablehnen können!«

»Und meinen ersten Kunden verlieren?«

Fahren zwei Informatiker im Auto, plötzlich fällt der Motor aus.

Meint der eine: »Mist, ein Fehler im Betriebssystem!«

Sagt der andere: »Komm, steigen wir aus, machen alle Fenster zu und versuchen einen Neustart. Vielleicht geht's dann wieder ...«

Während ihrer Arbeit in Kanada hackt ein Holzfäller dem anderen ein Bein ab.

»Hey«, sagt dieser, »wenn du das noch mal machst, trete ich dir in den Arsch, dass du nicht mehr sitzen kannst!«

Die Feuerwehr rettet einen total besoffenen Mann aus einem brennenden Haus. Er wird gefragt, wie der Brand zustande kam. Dieser antwortet: »Keine Ahnung. Das Ding hat schon gebrannt, als ich reingegangen bin.«

»Ich möchte gerne auf dem Bau arbeiten.«
»Das wollen alle. Können Sie die Maurersprache?«
»Na klar doch!«
»Gut, wir werden ja sehen.« Der Mann arbeitet also an der Mischmaschine. Polier im fünften Stock nach unten zum Mann: Zeigt seine fünf Finger und streckt den Daumen in den Mund. Mann unten: Hält mit beiden Händen die Augen zu, dann die Hände an die Augenbrauen mit offenen Augen und dann die Hände als »Geweih« an die Stirn. Der Polier versucht es noch einmal mit dem gleichen Resultat.
In der Pause schimpft er den jungen Mann aus: »Sie haben ja keine Ahnung von der Maurersprache!«
»Wieso, Sie wollten fünf Bier … und ich habe gefragt: dunkles Bier, helles Bier oder Bockbier?«

Fragt der Koch seinen Lehrling: »Weißt du, wie man Wasser kocht?«
Darauf antwortet der Lehrling: »Ja! Man tut Wasser in einen Topf, gibt etwas Butter dazu …«
»Und wozu die Butter?«
»Damit das Wasser nicht anbrennt!«

Kurz vor Feierabend fällt ein Dachdecker vom 25 Meter hohen Kirchturm direkt in einen Sandhaufen an der Kirche. Gott sei Dank hat er keine ernsthaften Verletzungen. Auf die Nachfrage der herbeigeholten Sanitäter, welche Gedanken er bei dem langen Fall gehabt hätte, sagte der Dachdecker: »Als ich auf der Kirchturmuhr den Zeiger auf halb fünf sah, dachte ich, da gehst du heute auch nicht mehr hoch.«

Ein Briefträger stürzt bei Glatteis direkt vor einem Polizisten vom Fahrrad. Der Inhalt seiner Posttasche landet verstreut auf dem Gehweg. »Gibt es bei der Post noch mehr so Trottel wie Sie?«, fragt der Polizist spöttelnd. »Nein, ich bin der Letzte«, knurrt der Briefträger. »Die anderen sind inzwischen alle bei der Polizei!«

STELL DIR VOR, DU BIST VERSCHÜTTET
UND DER LAWINENSPÜRHUND IST ALKOHOLIKER!

»Stell dir vor, du bist verschüttet ...« –
Über die weiße Pracht
und den Spaß auf Brettern

Anruf bei der Bergwacht: »Wir haben einen Lawinen-
abgang! Es sind Menschen verschüttet!«
»Skifahrer oder Snowboarder?«, fragt die Bergwacht zurück.
»Das ist doch egal! Menschen!«
»Schon«, antwortet die Bergwacht, »aber wir müssen
wissen, ob wir den Lawinen- oder den Drogenspürhund
schicken müssen.«

Wie heißt eine Kuh, die Ski fährt? – Muschi.

Warum fahren Frauen im Winter nicht gerne Ski?
Weil es in der Küche nicht schneit.

»Toll, wie viel Schnee wir in diesem Jahr haben!«, sagt
Franz.
»Mir egal, meine Frau fährt mit mir das ganze Jahr
Schlitten!«, antwortet Paul.

Eine Ehefrau fährt alleine in den Skiurlaub und lernt auch sehr schnell einen Mann kennen. Sie landen sofort im Bett. Sie haben Sex und fahren Ski … immer abwechselnd.

Nach einer Woche fragt sie: »Sag mal, wie heißt du eigentlich?

»Ich heiße Hermann!«

»Und wie ist dein Nachname?«

»Das erzähle ich dir lieber nicht … es wird nur Schwierigkeiten geben und außerdem lachen alle, die meinen Nachnamen hören!«

»Ich lache ganz sicher nicht. Bitte sag ihn mir!«

Er zögert und sagt dann schließlich: »Ich heiße Neuschnee!«

Sie kriegt sich nicht mehr ein und lacht sich halb tot.

»Siehst du, ich habe es gewusst, auch du lachst über meinen Nachnamen.«

»Nein, ich lache nicht über den Namen, sondern dass mein Mann zum Abschied sagte: ›Ich wünsche dir einen schönen Skiurlaub und täglich 20 Zentimeter Neuschnee!‹«

Ein Eskimo mit auffällig dicker Backe hockt vor einem Eisloch. Kommt sein Nachbar mit dem Schlitten vorbei und fragt: »Na, Zahnweh?«

»Nein, Würmer auftauen.«

Was bekommt ein Manta-Fahrer im Winter?
Einen schneeweißen Arm!

Zwei Indianer gehen zum Medizinmann und fragen ihn, wie der Winter wird.

Der wirft ein paar Steine in die Luft und sagt: »Es wird ein kalter Winter. Geht in den Wald und sammelt viel Holz.«

Am nächsten Tag kommen wieder einige Indianer und fragen ihn wieder, wie der Winter wird.

Er wirft wieder die Steine in die Luft und sagt: »Es wird ein kalter Winter. Geht in den Wald und sammelt viel Holz.«

Die nächsten Tage kommen immer wieder Indianer, auch von anderen Stämmen, und fragen ihn, wie der Winter wird.

Jedes Mal wirft er die Steine und sagt: »Es wird ein kalter Winter. Geht in den Wald und sammelt viel Holz.«

Schließlich überlegt er sich, ob das auch stimmt, was er da erzählt. Deshalb ruft er beim Wetteramt an und fragt, wie der Winter wird. Dort bekommt er zur Antwort: »Es wird ein kalter Winter. Die Indianer sammeln Holz wie die Verrückten.«

Zwei Hellseher unterhalten sich: »Einen furchtbar kalten Winter werden wir dieses Jahr haben.«

»Ja, er erinnert mich an den Winter 2043 …«

Was machen die Ostfriesen an den langen Winterabenden?

Sie lachen über die Witze, die sie im Sommer gehört haben!

221

»Meine Mutter hat immer gesagt, im Winter solle ich mir helle Kleidung anziehen, so dass ich im Straßenverkehr gut zu sehen bin. So ging ich los, weiße Mütze, weißer Schal, weiße Jacke, weiße Hose, weiße Schuhe – und wurde vom Schneepflug überfahren!«

Eine Schnecke beginnt mitten im Winter damit, einen Baum zu besteigen.
»Was willst du denn mitten im Winter auf dem Kirschbaum?«, fragt der Vogel überrascht.
»Kirschen essen.«
»Aber es sind noch gar keine dran.«
»Bis ich oben bin, schon!«

Aus dem Radiofunk: »In einer übersichtlichen Linkskurve bei München kam gestern Nachmittag ein Smart ins Schleudern und überschlug sich mehrfach. Lausbuben hatten ihn gedankenlos mit einem Schneeball beworfen.«

Zwei Blondinen fand man erfroren im Autokino. Was war passiert?
Sie waren gekommen, um den Film *Im Winter geschlossen!* zu sehen.

»Warum bauen Sie eigentlich nicht im Winter weiter?«, will der Bauherr wissen.

»Na hören Sie mal, bei der Kälte würden uns ja alle Bierflaschen platzen!«

Ein Mann geht im Winter zum Eisangeln. Er schlägt ein Loch ins Eis und angelt. Da hört er plötzlich eine Stimme aus dem Nichts: »Hier gibt es nichts zu angeln!«

Der Mann packt seine Sachen zusammen, geht ein Stück weiter und beginnt dort zu angeln.

Wieder ertönt die Stimme: »Hier gibt es nichts zu angeln!«

Er packt also seine Sachen und schlägt ein Stück weiter wiederum ein Loch ins Eis und hält seine Angel hinein.

Und wieder erklingt diese Stimme: »Hier gibt es nichts zu angeln!«

Darauf ruft der Mann erschrocken: »Wer bist du? Etwa Gott?«

»Nein, du Idiot! Ich bin der Stadionsprecher der Eissporthalle!«

Wie erkennt man einen schwulen Schneemann?
Die Karotte steckt im Arsch.

Ein Amerikaner, ein Deutscher und ein Tiroler sitzen in einer Tiroler Skihütte beisammen.

Der Amerikaner bestellt ein Glas *Budweiser*, trinkt es auf einen Zug aus, wirft das Glas in die Luft, zieht seinen Revolver und zerschießt das Glas in tausend Scherben. »Wir haben in Amerika so viel Geld, wir trinken nie aus einem Glas zweimal!«

Das kann sich der Deutsche nicht bieten lassen, bestellt ein Glas *Warsteiner*, trinkt aus, wirft das Glas in die Luft, schnappt sich den Revolver des Amerikaners, zerschießt das Glas und meint: »Wir haben in Deutschland so viel Geld, wir trinken auch nie aus einem Glas zweimal!«

Da bestellt sich der Tiroler ein Glas *Gösser*, trinkt aus, nimmt den Revolver des Amerikaners, knallt den Deutschen ab und meint: »Mir ham in Tirol so vü Deitsche, mir trinken nie mit oam zwoamol!«

Ein Paar kommt in die eiskalte Skihütte. Er deutet auf das Kleinholz neben dem Ofen und sagt, sie solle ihn doch schon mal anmachen, er hole in der Zwischenzeit große Holzscheite.

Als er zurückkommt, kniet sie vor dem Ofen: »Hm, jaaahh, du bist ja so gut, mach weiter, oohhh …«

Er wütend: »Du sollst ihn nicht so anmachen, sondern anfeuern!«

Sie darauf: »Ofen! … Ofen! … Ofen! …«

Was bekommen Männer, wenn sie nackt im Schnee liegen?
Schneeglöckchen!

Was sagt Schneewittchen zu Pinocchio in der heißen Liebesnacht?
»Lüg, Pinocchio, so lüg doch!«

Was dauert länger? Einen Schneemann oder eine Schneeblondine zu bauen?
Schneeblondine! Du musst ja schließlich noch den Kopf aushöhlen.

Häschen bleibt mit seinem neuen Schlitten im Neuschnee stecken. Ein anderes Häschen rutscht rasant vorbei und ruft: »Muddu wachsen!«
Ruft Häschen zurück: »Quatsch! Du bist auch nicht größer ...«

Wie behandelt man Frauen?
Wie Schneemänner! Erst mal die Kugeln ordentlich durchkneten, und dann kommt das Möhrchen ins Gesicht!

Gewaltiger Schneesturm. Zwei Wanderer haben sich hoffnungslos verlaufen. Auf einmal meint der eine glücklich: »Schau dort, wir sind in der Nähe eines Gehöfts. Dort steht ein Huhn im Schnee.«

Jammert der Begleiter: »Mein Lieber, das ist kein Huhn, das ist der Wetterhahn auf einem eingeschneiten Kirchturm.«

Ein Afrikaner geht in den Puff. Als er sich vor der Nutte auszieht und sie sein riesiges Teil sieht, greift sie in ein Pöttchen mit Vaseline, um sich geschmeidiger zu machen.

Da streift der Afrikaner seine Armbanduhr ab und schnallt sie um den mächtigen Penis.

Die Nutte fragt: »Was soll denn das jetzt?«

Darauf er: »Wenn du machen Glatteis, ich ziehen Schneekette auf!«

In Rimini steigt ein reicher Scheich ab. Der Page bringt sein Gepäck ins Hotel. Staunt der Portier am Empfang: »Sie haben ja Skier dabei, und hier gibt's nirgendwo Schnee!«

»Macht nichts«, sagt der Scheich. »Der Schnee kommt mit dem nächsten Flugzeug.«

Frauen sind wie Schnee.

Hat man sie erst mal aufgetaut, schmelzen sie dahin.

George W. Bush geht an einem verschneiten Morgen zur Arbeit und sieht entsetzt, dass jemand vor dem Weißen Haus »Bush ist doof!« in den Schnee gepinkelt hat. Bush ist stinksauer und lässt den Geheimdienstchef kommen: »Finde heraus, wer diese Schweinerei in den Schnee gepisst hat.«

Am nächsten Tag kommt der Geheimdienstchef zurück und berichtet: »Ich habe eine schlechte und eine noch schlechtere Nachricht. Welche wollen Sie zuerst hören?«

Bush entscheidet sich für die schlechte.

»Also, wir haben den Übeltäter erwischt. Es ist der Verteidigungsminister!«

Bush ist entsetzt. »Und was ist bitte schön die noch schlechtere Nachricht?«

»Es ist die Handschrift von Ihrer Frau Laura …«

Sagt ein Mann enttäuscht zu einer Nutte: »Sie haben aber sehr wenig Holz vor der Hütte!«

Darauf sie entrüstet: »Na, um Ihr Würstchen zu grillen, wird's wohl sicher langen …«

Der Pfarrer entdeckt in der Sakristei Schlittschuhe. Er fragt die Ministranten, wem die wohl gehören.

Daraufhin erklärt einer der Ministranten: »Es werden wohl die Eisheiligen hier sein.«

Zwei Blondinen in Miniröcken laufen Schlittschuh. Da entdecken sie plötzlich einen erfrorenen Mann unterm Eis.

Sagt die eine: »Ach du meine Güte, was sich die Spanner heutzutage alles einfallen lassen, nur für einen Blick!«

»Na, wie war denn der Skiurlaub?«
»Ach, … um ehrlich zu sein, miserabel!«
»Wieso das denn? Ich denke, das Essen war köstlich, das Hotel phantastisch, das Wetter zum Schwärmen?«
»Ja, das schon! Aber der Fernseher flackerte vom ersten Tag an unerträglich.«

Was ist weiß und stört beim Essen?
Eine Lawine.

Abfahrtsrennen in den Alpen. Kurz vor Beginn kommt eine riesige Lawine ins Rollen und begräbt das gesamte Starterfeld unter sich. Am nächsten Morgen kommt die Witwe eines Skiläufers in die Turnhalle, um unter den Toten ihren Mann zu identifizieren.

Als der erste Sarg geöffnet wird, schluchzt sie leise, »Nein.« Auch beim zweiten Sarg schüttelt sie traurig mit dem Kopf. Als der dritte Deckel abgehoben wird, lächelt sie: »Ja, das ist er. Gott sei Dank, er ist unter den ersten dreien.«

Kommt ein Ehemann mit Schneeketten nach Hause.

Sagt die Frau: »Spinnst du, warum kaufst du Schneeketten, wenn wir doch gar kein Auto haben!«

Antwortet der Ehemann: »Du hast ja gestern auch einen BH gekauft!«

Ein katholischer Geistlicher ist auf dem Pilgerweg. Als es Nacht wird, kommt er zu einem Hospiz. Er tritt ein und fragt nach einer Übernachtungsmöglichkeit.

Der Bruder druckst ein bisschen herum: »Ja, ein einfaches Bett hätten wir schon noch frei. Aber in dem Zimmer schläft schon eine Schwester.«

Darauf der Geistliche: »Kein Problem! Wir leben schließlich im Zölibat!«

Daraufhin zeigt ihm der Bruder die Zelle mit dem freien Bett. Als es Zeit wird zu schlafen, öffnet die Nonne das Fenster und holt sich einen großen Haufen Schnee und Eis hinein. Damit reibt sie ihre Mitte tüchtig ein.

Der Geistliche: »Entschuldigung, Schwester, aber warum tun Sie das?«

Schwester: »Damit ich immer dran erinnert werde, dass das da unten eisern und zugefroren ist!«

Daraufhin packt der Geistliche seinen Rosenkranz aus und wickelt ihn um sein bestes Stück.

Schwester: »Aber sagen Sie mir, warum tun Sie das?«

Geistlicher: »Ich montiere schon mal meine Schneeketten!«

Was ist weiß und geht den Berg hinauf?
Eine Lawine mit Heimweh!

Der enttäuschte Wintergast im Berghotel: »Ihr habt ja
Nerven. Weit und breit kein Schnee, und am Telefon
habt ihr von 50 Zentimetern Schnee gequatscht.«
»Das trifft durchaus zu«, reagiert der Concierge. »Wir
messen heuer nicht die Höhe, sondern die Länge.«

Warum hängen sich Blondinen Schneeketten vors Fenster?
Weil sie Angst vorm Wintereinbruch haben.

Was lernen Eskimokinder als Erstes?
Gelber Schnee ist bäh, bäh, bäh.

Was haben ein abgefahrener Winterreifen und 200 ge-
brauchte Kondome gemeinsam?
It was a GOOD YEAR …

»Wie war denn Ihr 14-Tage-Urlaub? Hat's viel ge-
schneit?«
»Nein, nur zweimal: einmal acht und einmal sechs
Tage!«

Klein Fritz ist im Garten und baut einen Schneemann. Nach einer Weile geht er ins Haus zu seiner Omi und sagt: »Du, meine Hände sind so kalt!«

Da sagt die Omi zu ihm: »Na dann geh hinauf in dein Zimmer und reibe sie dir schön warm.«

Klein Fritz geht rauf, reibt sich seine Hände schön warm und geht wieder hinaus, um den Schneemann zu bauen.

Nach 20 Minuten ist er wieder bei der Omi: »Du, Omi, meine Beine sind so kalt!«

Omi wieder: »Geh rauf und reibe sie dir schön warm.«

Fritz geht rauf, reibt sich die Beine schön warm und geht weiter Schneemann bauen.

Nach 10 Minuten ist er wieder drinnen und meint: »Omi, mein kleiner Mann ist so kalt.«

Omi wieder: »Geh rauf und reib ihn dir schön warm.«

Fritz geht rauf in sein Zimmer und kommt nicht raus – eine Stunde … 2 Stunden … 3 Stunden … Nach 4 Stunden wird's der Omi zu bunt und sie öffnet die Tür zu Fritz' Zimmer. Sie ganz entsetzt: »Fritz, was machst du denn da?«

Er darauf ganz glücklich: »Ach, Omi, es ist doch immer wieder schön, wenn der Frost rauskommt!«

Flüstert der liebestrunkene Schneemann: »Wenn ich dich so ansehe, läuft es mir eiskalt den Rücken herunter.«

Die Touristin beschwert sich beim Bergführer: »Dass Sie an dieser gefährlichen Stelle kein Geländer haben, halte ich für unverantwortlich!«

Meint der Bergführer nachdenklich: »Ja, früher hatten wir hier ein Geländer gehabt. Aber das haben die Touristen immer mit sich in die Tiefe gerissen!«

Zwei Mitglieder eines Skiclubs treffen sich. Einer hat ein frisches Gipsbein. »Abfahrtslauf?«, fragt der andere mitfühlend.

»Nein, Barhocker!«

Zwei Schweizer sitzen vor dem Fernseher und sehen das Ski-Abfahrtsrennen.

Sagt der Erste: »Super, diese Zeitlupenaufnahmen, oder?«

Antwortet der Zweite: »Das sind keine Zeitlupenaufnahmen, das ist der schnellste Schweizer!«

»Du hast die Reifen gewachst und die Schneeketten über die Skier gezogen!« – Über Urlaubsfrust und Ferienspaß der anderen Art

»Franz, hast du eigentlich schon Urlaubspläne gemacht?«
»Nein, wozu? Meine Frau bestimmt, wohin wir fahren, mein Chef bestimmt, wann wir fahren, und meine Bank, wie lange wir fahren.«

»Wie war denn dein Urlaub?«
»Hör bloß auf! Meine Frau wurde zur Schönheitskönigin gewählt, du kannst dir ja vorstellen, was das für ein Kaff war.«

»Ist Ihre Arbeit eigentlich schwer?«, wird ein Beamter gefragt.
»Nein«, gesteht er, »aber sie ist doch ein Störfaktor zwischen Kur, Nachkur, Urlaub, Feiertagen, Wochenenden, Betriebsausflügen …«

Ein Beamter steigt humpelnd in einen Bus ein. Der nette Busfahrer stützt ihn und bringt ihn zu seinem Platz. Er fragt: »Was kann ich für Sie tun?«

»Och, Sie könnten mir mein linkes Bein auf den gegenüberliegenden Platz legen.«

Der Busfahrer tut das und fragt: »Kann ich noch etwas für Sie tun?«

»Ja, Sie können mein anderes Bein auch hochlegen.«

Auch das tut der Busfahrer.

»Könnten Sie mir auch noch ein Kissen in den Rücken legen?«

Das tut der Busfahrer ebenfalls und sagt dann: »Ich möchte ja nicht aufdringlich sein, aber was haben Sie eigentlich?«

Antwortet der Beamte seufzend: »Urlaub!«

»Liebling, in diesem Jahr können wir unseren Urlaub doch auf den Bahamas machen!«

Er erwidert: »Tut mir leid, Schatz. Wir müssen an unsere Schulden denken!«

»Aber das können wir doch auch auf den Bahamas!«

Im Briefkasten liegt eine Urlaubspostkarte. »Gute Nachrichten von Müllers aus Las Palmas! Es regnet in Strömen. Das bedeutet zweihundert Las-Palmas-Dias, die wir nicht ansehen müssen!«

Was macht ein Leprakranker im Urlaub?
Er legt sich auf die faule Haut.

Ein Urlauber will nach Thailand. Das Fräulein im Reisebüro fragt ihn:
»Möchten Sie über Athen oder Bukarest fliegen?«
»Weder noch. Nur über Ostern.«

Vor dem Hotel in Krakau stand auf einer Tafel zu lesen:
»Hier wird Englisch, Französisch, Deutsch und Italienisch gesprochen!« Der Gast versuchte in allen Sprachen, sich zu verständigen. Keine Antwort. Schließlich fragte er auf Jüdisch: »Wer spricht denn hier eigentlich die Sprachen?« Antwortet der Portier: »Nur die Gäst',
scheener Herr!«

Henning ist furchtbar schüchtern. Als er in einem Hotel einen Lift besteigt, fragt ihn der Liftboy:
»Welches Stockwerk?«
Flüstert Henning:
»Vierter Stock, falls es für Sie kein Umweg ist.«

»Bevor wir in Urlaub fahren, ist meine Frau immer wie ein Krimi.«
»Wieso wie ein Krimi?«
»Na ja, packend bis zum Schluss!«

»In diesem Jahr werde ich im Urlaub nichts tun. Die erste Woche werde ich mich nur im Schaukelstuhl entspannen.«

»Ja, aber dann?«

»Dann werde ich eventuell ein wenig schaukeln.«

Kommt ein Herr ins Reisebüro.

»Ich möchte gern mal nach Paris fahren. Schöne Mädchen ... Sie verstehen schon! Was, meinen Sie, ist die beste Zeit dafür?«

»Versuchen Sie es, ehe Sie sechzig werden. Nachher ist es nicht mehr so!«

»Was meinst du, wie viele Kilometer es noch bis zur Grotte sind ...?«

»Dreieinhalb.«

»Das hast du vor einer Stunde doch auch gesagt!«

»Na, glaubst du, ich ändere so schnell meine Meinung?«

»Wohin fahren Sie denn im Urlaub, Herr Bunz?«

»Nach Sicht.«

»Wo liegt denn das?«

»Ich weiß es auch nicht! In der Zeitung heißt es immer: ›Schönes Wetter in Sicht‹.«

Der Kunde geht nach dem Urlaub in den nächsten Foto-
laden und fragt den Verkäufer: »Machen Sie denn hier
auch Vergrößerungen bis zu einer natürlichen Größe?«
»Selbstverständlich, mein Herr!«
Der Kunde ist sichtlich erleichtert und glücklich: »Das
trifft sich ja gut. Ich habe hier ein Dia vom Mount Eve-
rest!«

Gleich am ersten Tag ihres Urlaubs auf Sylt streift die
Dame, damenhaft, durch die einsamen Dünen der Insel.
Plötzlich trifft sie beinah der Schlag: Ein nackter Mann
treibt es mit einem anderen. Die Dame steht starr. Der
aktive Mann hat irgendwie das Gefühl, er müsse ein
Wort der Erklärung abgeben, pausiert ein bisschen und
erläutert: »Der Mann wäre vorhin beinahe in der Bran-
dung ertrunken.«
»So«, gibt sie giftig zurück, »und weshalb machen Sie
dann keine Mund-zu-Mund-Beatmung?«
»Eben dies, liebe Dame, war der Anfang unserer wunder-
vollen Freundschaft!«

Otto kommt von der Bergtour zurück und erzählt seiner
Frau: »Und stell dir vor, in 2000 Meter packte mich plötzlich der Höhenrausch!«
»Was du nicht sagst, Otto! Sag bloß, da oben gibt's auch
eine Kneipe …«

Verzweifelt schleppt sich ein Verirrter durch den Wüstensand. »Wasser! Wasser!«, stöhnt er. Nach zwei Tagen sieht er plötzlich einen Mann mit Bauchladen, der Krawatten verkauft. »Schöne Krawatten gefällig?« Der Verirrte winkt ab und röchelt: »Was soll ich mit Krawatten? Ich habe Durst … Wasser!« Tage später sieht der Verdurstende am Horizont eine Oase. Er erreicht sie mit Müh und Not und sieht unter Palmen ein Restaurant. »Wasser, Wasser«, stöhnt er mit letzter Kraft. »Können Sie haben«, meint der Portier, »aber ohne Krawatte kommen Sie hier nicht rein!«

»Ein Gast steht vor der Rezeption des Hotels: »Ich habe ein Einzelzimmer bestellt. Mein Name ist Hecht.«
»Mit fließendem Wasser?«
»Nicht nötig, ich heiße nur so.«

»Fahren Sie dieses Jahr wieder nach Bayern in den Urlaub?«
»Ja«
»Nehmen Sie da auch Ihren Schlafsack wieder mit?«
»Ja, mein Mann kommt auch mit …«

»Nun, Herr Dreher, wie hat Ihnen denn in Rom die *Sixtinische Kapelle* gefallen?«
»Die habe ich gar nicht gesehen. Wird wohl auf Tournee gewesen sein!«

Frau Wanders kommt aus dem Urlaub zurück. Stolz erzählt sie ihrer Nachbarin: »Du kannst dir gar nicht vorstellen, wie ich umschwärmt wurde!«

»Ja, ja, wir hatten hier auch eine furchtbare Mückenplage!«

»Was denn, Herr Maurer, Sie wollen Rom in drei Tagen kennengelernt haben? Wie haben Sie das denn gemacht?«

»Meine Frau hat die Bauwerke und Museen besichtigt, meine Tochter die Boutiquen und ich die Kneipen!«

Urlaubsnachmittag am Seeufer. Eines der Bikinimädchen hat es sich auf einem Haufen Piniennadeln bequem gemacht. Ein besonders scharfes Exemplar bohrt sich in das Höschen ausgerechnet da, wo es weh tut. Die schmerzgepeinigte junge Dame wird in aller Eile zu einem Sanitäter gebracht, der sich der Sache annehmen soll. Aber der Kerl hat einen schlechten Tag.

»Tut mir leid, Mädchen, das dauert noch 'ne Weile. Ist Behördensache.«

»Behörden ...«, seufzt das Mädchen.

»Umweltschutz!«, schnauzt der dazu. »Ich muss erst mal einen ellenlangen Fragebogen ausfüllen, ehe ich das kleinste Stück Holz aus einer Naherholungszone entferne.«

Die Familie fährt mit dem Auto in den Urlaub. »So«, meint der Vater, »einen Parkplatz haben wir endlich. Jetzt müssen wir nur noch nachsehen, in welcher Stadt wir sind!«

»Na, Daniel, wie war denn der Urlaub?«
»Grässlich! Im Hotel hatte ich Zimmernummer 100. Und vom Türschild war die Eins abgefallen!«

Ein Inselbewohner wird von einem Touristen ausgefragt:
»Waren Ihre Vorfahren alle Seefahrer?«
»Ja, alle.«
»Sind denn alle auf See geblieben?«
»Ja, alle.«
»Auch Ihr Uropa?«
»Der ist bei den Falkland-Inseln umgekommen.«
»Und Ihr Großvater?«
»Der ist vor den Shetland-Inseln abgesoffen.«
»Und Ihr Vater?«
»Den haben die Touristen totgefragt.«

Der Frühstücksgast anerkennend zum Kellner: »Das Muster auf der Butter ist heute aber besonders hübsch!«
»Nicht wahr«, antwortet der Kellner stolz. »Das hab ich auch mit meinem Taschenkamm gemacht.«

Der Lord führt eine Gruppe Touristen durch sein Schloss. Einer der Besucher hat eine außerordentliche Ähnlichkeit mit dem Lord. »War Ihre Mutter vielleicht einmal Stubenmädchen bei uns?«, fragt der Adelige herablassend.

»Nein«, erwidert der Besucher, »aber mein Vater hat vorübergehend als Gärtner im Schloss gearbeitet.«

»Wie komme ich zu der nächsten menschlichen Behausung?«, fragt ein Autoreisender in der Wüste einen Araber.

»Da fahren Sie jetzt immer geradeaus, und übermorgen biegen Sie links ab.«

Die Steinbachs erzählen stolz von ihrem Sommerurlaub in Norwegen. Plötzlich fragt ein bisher unbeteiligter Zuhörer: »Haben Sie die vielen Fjorde gesehen?«

Antwortet Herr Steinbach: »Natürlich. Sie glauben gar nicht, wie zutraulich diese Tierchen sind!«

»Ich habe gehört, ihr fahrt dieses Jahr doch nicht nach Argentinien?«

»Das ist ganz falsch! Nicht nach Argentinien sind wir im letzten Jahr gefahren. Dieses Jahr fahren wir nicht nach Hawaii!«

»Nicht schon wieder FKK-Urlaub! Ich möchte endlich auch mal einen neuen Bikini haben, du Geizhals!«, protestierte die Ehefrau.

»Regnet's hier bei Ihnen eigentlich immer?«, fragt ein norddeutscher Sommerurlauber einen bärtigen Tiroler. »Nein, im Winter schneit's.«

»Na, hattest du auf deiner Griechenlandtour Schwierigkeiten mit deinem neuen Sprachcomputer?«
»Ich nicht, aber die Griechen ...«

Klein Erich geht auf seine erste Seereise. »Mein Schiff«, erklärt der Kapitän stolz, »macht fünfzig Knoten in der Stunde.«
»Enorm! Enorm!«, staunt Klein Erich. »Aber wer macht die vielen Knoten wieder auf?«

Eines Nachts im alten englischen Schloss. Ein Gast, der durch die Korridore irrt, trifft auf ein Gespenst, welches ihm traurig berichtet: »Ich bin schon seit über vierhundert Jahren hier.«
»Ah, das trifft sich gut, dann wissen Sie doch sicher, wo hier die Toiletten sind ...«

Ein Reisender fährt zum ersten Mal in seinem Leben ins Ausland. An der Grenze fragt ihn der Zollbeamte: »Cognac, Whisky?«
Sagt der Reisende: »Um diese Zeit?«

Zwei Segler unterhalten sich.
»Der Manfred hat doch die Frau geheiratet, die er damals aus dem Wasser gerettet hat. Ist er denn glücklich geworden?«
»Nein, wasserscheu.«

Ein Ehepaar fährt in die Türkei in Urlaub.
Nach einer Woche sagt die Frau zum Mann: »Du, ich will mich auch mal nackig sonnen, aber ohne dass mich jemand sieht.«
Der Mann klettert mit ihr auf das Hoteldach und findet eine glatte, dunkle, glasige Fläche und sagt: »Hier, leg dich da hin, aber auf den Bauch, von hinten sehen wir eh alle gleich aus.«
Kurze Zeit später kommt eine Hotelangestellte auf das Dach und sagt: »Können Sie Ihrer Frau bitte sagen, dass sie sich woanders nackig bräunen soll?«
»Aber wieso denn? Hier oben sieht sie doch keiner und von hinten sehen wir doch alle gleich aus!«
»Ja, aber Ihre Frau liegt auf dem Glasdach unserer Cafeteria.«

Ein Wiener und ein Burgenländer gehen campen, bauen ihr Zelt auf und schlafen ein. Einige Stunden später weckt der Wiener den Burgenländer auf.

»Schau in den Himmel und sag mir, was du siehst!«

Der Burgenländer sagt:

»Ich sehe Millionen von Sternen.«

Der Wiener sagt:

»Was denkst du jetzt?«

Der Burgenländer überlegt eine Minute:

»Astronomisch gesehen, sagt es mir, dass da Millionen von Galaxien und Billionen von potenziellen Planeten sind. Astrologisch sagt es mir, dass der Merkur in Waage steht. Zeitmäßig gesehen sagt es mir, dass es ungefähr 3.15 Uhr ist. Theologisch sagt es mir, es ist offensichtlich, dass der Herr allmächtig ist und wir alle klein und unbedeutend sind. Meteorologisch scheint es so, als hätten wir morgen einen wunderschönen Tag. Was sagt es dir?«

Der Wiener ist für einen Moment still und sagt:

»Praktisch gesehen sagt es mir, jemand hat unser Zelt gestohlen.«

Die Pensionswirtin zum abreisenden Gast:

»Nicht wahr, Sie empfehlen mich doch in Ihrem Bekanntenkreis weiter?«

»Ja, sehr gern, nur weiß ich im Moment niemanden, gegen den ich etwas habe.«

Der weitgereiste Tourist erzählt:
»Ich bin also wohlbehalten wieder zurück von meiner Indienreise. Das Schönste war eine Tigerjagd!«
»Haben Sie denn Glück gehabt?«
»Ja, es ist mir Gott sei Dank keiner begegnet!«

Rudi sieht zum ersten Mal die Ebbe. »Frechheit«, meint er, »kaum sind wir hier, haut das Meer ab!«

»Von meiner Kunstreise habe ich mir einen Sekretär aus dem Biedermeier für mein Schlafzimmer mitgebracht.«
»Was, glauben Sie, dass so ein alter Kerl noch was bringt?«

»Was war dein schönstes Erlebnis im Skiurlaub?«
»Als der Gips endlich wieder runter kam.«

Stehen zwei Bergsteiger an einer Gletscherspalte.
Sagt der eine:
»Da ist gestern unser Bergführer reingefallen.«
Sagt der andere:
»Mein Gott, das ist ja schrecklich, und da kletterst du heute schon wieder so fröhlich?«
»Ach, er war wirklich sehr alt. Und außerdem fehlten schon ein paar Seiten.«

Auf einem Kreuzfahrtsschiff.

Montag: Ich habe die große Ehre gehabt, zum Abendessen an die Kapitänstafel gebeten zu werden.

Dienstag: Ich habe den Vormittag mit dem Kapitän auf der Brücke verbracht.

Mittwoch: Der Kapitän hat Anträge gemacht, die eines Offiziers und eines Mannes von Welt unwürdig sind.

Donnerstag: Der Kapitän hat gedroht, er werde das Schiff versenken, wenn ich nicht nachgebe.

Freitag: Ich habe eintausendsechshundert Menschenleben gerettet.

»Längsstreifen machen schlank!« –
Über Trikots, Bälle und Tennisarme

Zwei Sportler treffen sich:
»Hey, ich habe jetzt einen Golfsack!«
Darauf der andere:
»Tut denn das auch so weh wie ein Tennisarm?«

In sieben Metern Tiefe bemerkt ein Taucher einen anderen Mann, der ohne Ausrüstung unterwegs ist. Der Taucher geht tiefer, wenige Minuten später ist auch der andere da. Als der nach weiteren neun Metern wieder zur Stelle ist, nimmt der Taucher eine Tafel und schreibt mit wasserfester Kreide:
»Wie schaffst du es so lange ohne Ausrüstung?«
Der andere kritzelt mit letzter Kraft auf die Tafel:
»Ich ertrinke, du Trottel!«

Beim Manager der Eisrevue bewirbt sich die 17-jährige Nadia:
»Ich kann eine Acht laufen.«
»Aber das kann doch fast jeder.«
»In römischen Ziffern …«

»Was macht ihr denn so im Karatekurs?«
»Wir zerschlagen mit der Handkante einen Ziegelstein.«
»Und wofür ist das gut?«
»Wenn man einmal überfallen wird, kann man sich wehren.«
»Ist mir klar. Aber wann wird man schon von einem Ziegelstein überfallen?«

Am Stammtisch:
»Sag mal, versteht euer Trainer wirklich etwas vom Fußball?«
»Aber klar doch! Vor dem Spiel erklärt er uns, wie wir gewinnen können, und nach dem Spiel analysiert er, warum wir verloren haben!«

Schweini, Poldi und Ballack sitzen im Flugzeug, als der Pilot kommt und sagt, dass sie abstürzen, er aber nur drei Fallschirme hätte. Der Pilot schnappt sich einen und sagt: »Ich habe Frau und Kinder« und springt los.
Darauf Poldi: »Ich bin der beste und klügste Fußballer der Welt!«, schnappt sich den zweiten und springt.
Ballack sagt zu Schweini: »Ich bin alt und du noch jung, nimm du den letzten Fallschirm!«
Daraufhin Schweini: »Bleib ruhig! Der klügste Fußballer der Welt ist gerade mit dem Schlafsack verschwunden!«

Auf dem Fußballplatz:
Der Gegner ist im Ballbesitz, da springt ein Zuschauer plötzlich hoch und brüllt über den Platz: »Los, Jungs, kommt endlich in die Gänge. Ich stehe ja schneller auf, als ihr laufen könnt!«

Bei einem Abschlag am 17. Loch passiert es.
Der Ball fliegt über den Platz hinaus, durchschlägt die Frontscheibe eines Kleinwagens, der daraufhin ins Schleudern kommt und einen Schulbus rammt. Dieser kommt von der Straße ab und bohrt sich in die Fensterscheibe eines Supermarktes. Das Gebäude stürzt daraufhin teilweise ein und begräbt Dutzende von Menschen unter den Trümmern.
Völlig verzweifelt stammelt der Golfer: »Wie konnte denn das nur passieren?«
Daraufhin sein Spielpartner: »Du hast den Daumen zu weit abgespreizt.«

Bei Otto Müller haben sie eingebrochen. Doch Otto Müller ist Bezirksmeister im Langstreckenlauf. Natürlich ist er dem Täter sofort nachgezischt wie ein Blitz.
»Haben Sie den Kerl erwischt?«, fragt später die Polizei.
»Was heißt da erwischt?«, sagt Otto stolz. »Ich habe ihn überholt! Und wie ich mich dann umgedreht habe, war er weg.«

Beim Anflug auf Frankfurt entdecken die Spieler von Bayern eine Gruppe Radfahrer. »Oh, schaut mal«, sagt Schweini, »da ist ein Radrennen.«
Kahn winkt ab: »Unsinn, das ist die Eintracht, die fahren zum Auswärtsspiel.«

Berti Vogts nach dem Viertelfinale: »Wir wollten ein Vorbild für alle Fans sein – wir schlagen niemanden mehr.«

Boris Becker und Steffi Graf sind auf dem Rückflug von den US-Open. Plötzlich bricht eine Tragfläche ab. Beide können noch rechtzeitig mit Fallschirmen aus dem abstürzenden Flugzeug springen. Boris reißt die Leine, sein Schirm öffnet sich. Steffi zieht, ihr Fallschirm öffnet sich nicht und saust an Boris vorbei in die Tiefe. Grinst Boris und ruft ihr nach: »Heute hast du den härteren Aufschlag.«

Geht Mike Tyson in das Box-Trainings-Zentrum. Er stellt sein Fahrrad draußen ab und hinterlässt einen Zettel mit der Aufschrift: »Diebstahl zwecklos, Mike Tyson.« Nach einer Stunde kommt er raus und sieht den Zettel auf dem Boden liegen. Das Fahrrad ist weg. Auf dem Zettel steht: »Verfolgung zwecklos, Jan Ullrich.«

Olli Kahn sitzt daheim und macht Kreuzworträtsel. Der beste Torwart der Bundesliga mit vier Buchstaben?

Olli will »ich« rein schreiben und merkt, dass »ich« nur drei statt vier Buchstaben hat. Nach endlosem Überlegen fragt er seine Frau. Die meint »du«! Aber nach kurzem Ausprobieren merkt Olli, dass auch »du« nicht passt. Schließlich legt er das Kreuzworträtsel beiseite und macht was anderes, vielleicht fällt ihm ja dann die Lösung ein. Als er dann abends im Bett liegt, schießt er auf einmal hoch und meint: »Liebling, jetzt weiß ich die Lösung, die meinen ›mich‹!«

Der Mannschaftsarzt von Borussia Dortmund zum Thema »Doping im Fußball«: »Doping im Fußball bringt nix, das Zeug muss in die Spieler!«

Der Mittelstürmer humpelt vom Fußballplatz. Besorgt kommt ihm der Trainer entgegen und fragt: »Schlimm verletzt?«

Der Mittelstürmer: »Nein, mein Bein ist nur eingeschlafen!«

Conni nimmt an einem Fallschirmspringerkurs teil. Als sie aus dem Flugzeug springen will, schreit der Trainer: »Halt, halt! Du hast ja keinen Schirm!«

»Wieso?«, fragt Conni. »Regnet es draußen?«

Eine Fußballmannschaft fliegt nach Amerika. Aus Langeweile beginnen die Burschen, in der Maschine mit dem Leder zu spielen. Der Pilot kann die Maschine kaum noch halten und schickt den Funker nach hinten. Nach zwei Minuten ist absolute Ruhe.

»Wie hast du denn das gemacht?«

»Na ja«, meint er. »Ich habe gesagt: Jungs, es ist schönes Wetter draußen, spielt doch vor der Tür!«

Vier Golfer nähern sich dem 15. Loch. Der erste Golfer schlägt den Ball mit einem Hook links über den Zaun. Der Ball fliegt auf die Straße, springt dort auf und trifft einen vorbeifahrenden Linienbus, klatscht von diesem ab und springt direkt auf das Grün.

Alle staunen. Da fragt einer den Golfer: »Sag mal, wie machst du das?«

Der antwortet, ohne zu zögern: »Man muss den Busfahrplan im Kopf haben.«

Interview nach dem Auslandsspiel der Bayern:

Reporter: »Na, wie fühlen Sie sich, Herr Ballack?«

»Super, ich war echt super drauf, ich habe z.B. zwei Bombentore in einem Spiel geschossen.«

Reporter: »Herzlichen Glückwunsch, und wie ging das Spiel aus?«

Ballack antwortet: »1:1.«

Wie setzt sich die ideale Fußballmannschaft zusammen?

In den Sturm kommen Juden, denn die dürfen nicht verfolgt werden. Ins Mittelfeld kommen Schwarze, Chinesen und Araber, denn die machen das Spiel bunt. In die Verteidigung kommen Schwule, denn die sorgen für Druck von hinten. Und ins Tor kommt eine 50-jährige Nonne, denn die hat schon seit 30 Jahren keinen mehr rein gelassen.

»Und Ihr Fachgebiet ist Fußball?«, fragt der Showmaster.

»Ja«, antwortet der Kandidat.

»Bravo, da habe ich eine Frage für Sie. Wie viele Maschen hat ein Tornetz?«

»Mein Bruder trägt immer Golfsocken«, erzählt Andi.

»Wie sehen die aus?«

»Haben achtzehn Löcher.«

Nach dem 0:7 tippt der Trainer seinem hoch bezahlten Stürmer auf die Schulter und meint: »Wann kriege ich denn wieder mal 'was Ordentliches von Ihnen zu sehen?«

»Heute Abend im Werbefernsehen – da stelle ich die neue Ochsenschwanzsuppe vor!«

»Also«, sagt der Boxtrainer in der Pause zum Boxer. »Du musst dir schon darüber klar werden, was du willst. Entweder den Friedensnobelpreis oder die Kreismeisterschaft im Schwergewicht. Beides geht nicht!«

In der Kampfpause raunt der Trainer dem Boxer ins Ohr: »Ich habe die Schwachstelle deines Gegners entdeckt. Immer, wenn er dich zu Boden geschickt hat, steht er völlig ohne Deckung da.«

Fahren zwei Personen mit einen Schnellboot über einen See. Plötzlich rammen sie einen Surfer um, der sofort untergeht. Einer der Männer auf dem Boot springt ins Wasser, packt den Untergegangenen und schmeißt ihn aufs Boot. Er beginnt sofort mit der Mund-zu-Mund-Beatmung. Plötzlich meint der andere: »Hey, kannst aufhören, das ist der Falsche, der hat noch Schlittschuhe an.«

Ein Fußballspieler lädt zur Taufe seines Kindes seine Mannschaftskollegen ein. Als der Pfarrer das Kind mit Wasser beträufeln will, rutscht es ihm aus der Hand. Geistesgegenwärtig springt der Torhüter der Mannschaft herbei und fängt das Kind. Er lässt sich noch kurz feiern und macht einen Abstoß …

Ein Radiosprecher: »Und zum Ende des Fußballspiels, das live von uns übertragen wurde, noch eine Meldung für unsere weiblichen Zuhörer: Der Mittelfeldspieler der Siegermannschaft hat lindgrüne, in dunkellila eingefasste Augen. Er spielt heute in einem hellblauen Trikot passend zu einer mattweißen Hose, sein Hautfarbe passt mit ihrer dunklen Bräune wunderbar dazu und nun zurück ins Studio ...«

Klein Max sitzt im Fußballstadion auf den Schultern seines Vaters und schreit: »Abseits! Handspiel! Strafstoß! Foul! Falscher Einwurf!«
Die Umstehenden sind erstaunt: »Toll, was der Kleine alles vom Fußball versteht!«
Plötzlich hebt der Vater den Jungen von den Schultern, gibt ihm einen Klaps und brüllt: »Von Fußball verstehst du alles, aber ›Pipi‹ oder ›Kacka‹ sagen kannst du nicht!«

»Kommst du mit ins Hallenbad?«, fragt einer den Willi.
»Darf nicht«, sagt der Willi, »hab Hausverbot im Hallenbad.«
»Wie gibt's denn so was?«
»Ich habe ins Becken gepinkelt.«
»Das machen doch andere auch!«
»Schon. Aber nicht vom Zehnmeterbrett.«

»Treibst du Sport?«, wird Klaus gefragt.

»Na klar«, sagt Klaus, »ich spiele Tennis, Fußball, gehe zum Boxen, bin im Ballett und treibe Leichtathletik.«

»Mensch, das ist ja enorm! Und wann machst du das alles?«

»Morgen fange ich damit an«, sagt Klaus.

»Immer wenn du beim Angeln warst, bist du so nervös.«

»Bin ich auch.«

»Und ich habe geglaubt, Angeln ist gut für die Nerven.«

»Aber nur, wenn man einen Angelschein hat.«

Sandra Völker wird von einem Fan gefragt: »Ist deine neue Uhr auch wasserdicht?«

Darauf Sandra: »Absolut, wenn da einmal Wasser drin ist, dann kommt es nie wieder raus!«

Treffen sich Sammer und Klinsmann. Sagt Klinsmann: »Mensch, Matthias, dich habe ich ja ewig nicht mehr gesehen! Wo warst du denn die ganze Zeit?«

Sammer: »Ich habe drei Jahre an einem Puzzle gearbeitet.«

Klinsmann: »Was, so lange?«

Sammer: »Das ist doch nicht lange! Auf der Packung stand sechs bis acht Jahre.«

Olli Kahn hat wieder eine Aussprache mit Jens Lehmann. »Wie kannst du bei allen Journalisten herumerzählen«, schnaubt Kahn, »ich hätte eine große Klappe?« »Das habe ich nie behauptet«, entgegnet Lehmann. »Ich habe ihnen nur gesagt, dass du Spargel quer essen kannst!«

Katja Seizinger will einmal bei der Herren-Abfahrt mitmachen. Sie rast los, stürzt und bleibt bewusstlos liegen. Als sie die Augen wieder aufschlägt, drückt ein Sanitäter an ihrem Busen herum und sagt: »Keine Angst, Kumpel, die beiden Beulen kriegen wir auch noch weg!«

Der Trainer macht mit seiner Mannschaft einen Rundgang durchs Stadion: »So, Jungs«, sagt er, »wo die Fotografen sind, wisst ihr ja. Den Standort der Fernsehkameras kennt ihr auch – und nun zeige ich euch, wo die Tore stehen!«

Das Töchterchen der Eiskunstläuferin kommt freudig mit dem Zeugnis nach Hause. »Na, Kind, wie sieht es aus?«, fragt die Mutter. »Du wirst Augen machen: Es ist sogar die Traumnote ›6‹ dabei!«

Ein Wasserball-Trainer zum gegnerischen Kollegen: »Dein Sturm hat heute keinerlei Wellen gemacht!« Der andere erwidert: »Wie denn auch? Deine Verteidigung war komplett auf Tauchstation!«

»Toni, du kommst in dieser Woche schon zum fünften Mal viel zu spät zum Training«, schimpft Lorenz. »Weißt du, was das bedeutet?« »Ja, dann muss heute Freitag sein!«

Calmund wollte im neuen Jahr abnehmen. Nach ein paar Tagen schmeißt er aber die Diät wieder hin. Sein Kommentar: »Ich denke nicht dran, vor Hunger zu sterben, nur um noch ein paar Jahre länger zu leben.«

Poldi kommt zum Arzt: »Herr Doktor, ich rede im Schlaf!« Der Doktor beruhigt ihn: »Das ist doch nicht so schlimm!« Darauf Poldi: »Doch, die ganze Mannschaft lacht schon über mich!«

Wann wurde die deutsche Fußball-Nationalmannschaft zum ersten Mal schriftlich erwähnt? Im Alten Testament: »Sie trugen seltsame Gewänder und irrten planlos umher.«

»Nehmen Sie Ihren Zucker mit oder ohne Kaffee?« – Über tierische Partyknüller und rauschende Feste

Seal auf einer Dinnerparty: »Heidi wurde neulich die Kreditkarte gestohlen.«
»Wie schrecklich!«
»Halb so schlimm. Bis jetzt ist der Dieb sparsamer als sie.«

»Wer ist die grässliche Alte, die dauernd so laut schreit?«, fragt ein Partygast seinen Nachbarn und prostet ihm zu.
»Das ist meine Frau.«
»Oh, verzeihen Sie, das konnte ich nicht ahnen.«
»Keine Ursache – war schließlich mein Fehler.«

Der eine Gast auf einer Party sagt zum anderen: »Meine Frau und ich waren 20 Jahre die glücklichsten Menschen.«
»Und was ist dann passiert?«
»Wir haben uns kennengelernt!«

Auf der Party sagt ein Mädchen zu Oskar: »Den idealen Mann findet man einfach nicht. Entweder haben sie einen Bauch, eine Glatze – oder sie sind schon alt und vergammelt.«

Nickt Oskar. »Das stimmt, alles auf einmal können Sie nicht verlangen, ich sehe phantastisch aus, aber dafür bin ich leider ein klein wenig eingebildet.«

Dörte öffnet auf der Party unvermittelt ihr Blüschen und zeigt Harald ihren üppigen Busen. Da sagt Trude entrüstet zu ihrer Freundin: »Immer fällt sie auf denselben Trick rein! Es braucht bloß einer zu sagen, er könnte sich gar nicht vorstellen, dass das alles wirklich echt sei – schon reißt sie sich ihr Oberteil vom Leib!«

Erstaunt fragt Anne ihre Freundin auf der Party: »Warum hast du dem netten Fußballspieler eben eine Ohrfeige gegeben?«

»Wegen Regelverstoß!«

»Was hat er denn gemacht?«

»Handspiel im Strafraum des Gegners!«

Bei der Party fragt ein Herr die Dame, mit der er schon zum fünften Mal tanzt: »Wie wär's, wenn wir uns heute Abend etwas näher kämen?«

»Aber gern«, haucht sie. »Wo denn?«

»Unterhalb des Bauchnabels …«

Das Mädchen mit der durchsichtigen Bluse ist der absolute Kracher.

Meint ein Partybesucher: »Hätte mal wieder Lust, die zu vernaschen!«

»Was?«, fragt sein frustrierter Kumpel, »die hattest du schon mal …?!«

»Nö, das nicht, aber ich habe schon ein paar Mal Lust dazu gehabt!«

»Wie gefallen Ihnen die Bilder an der Wand?«, fragt der Hausherr auf seiner Einweihungsparty den Gast.

»Wollen Sie die Antwort eines Gastes oder eines Fachmanns?«

Der Gastgeber: »Haben Sie schon meine entzückende Frau kennengelernt?«

Der Gast: »Wieso? Haben Sie zwei?«

Während einer Party prahlt Alfred mit seiner Kunst, Gedanken zu lesen.

»Auch was in Ihrem Kopf vorgeht, geschätzte Dame des Hauses, kann ich lesen wie in einem offnen Buch«, sagt er zur Gastgeberin.

»Ich glaube Ihnen kein Wort, denn sonst wären Sie schon längst gegangen!«

Friedhelm tanzt eng umschlungen mit seiner Trudhilde. »Die Freundschaft zwischen uns festigt sich langsam«, sagt er zufrieden zu der jungen Dame.

»Ja, Friedhelm, ich fühle es«, erwidert sie errötend.

Auf einer Party sitzt ein älterer Herr einer tief dekolletierten Frau gegenüber, die um den Hals ein Diadem mit einem Flugzeuganhänger trägt. Er schaut sie interessiert an. »Gefällt Ihnen mein kleines Flugzeug?«, fragt sie.

»Ach, das habe ich noch gar nicht gesehen. Ich bewundere gerade den Landeplatz.«

Der Partyphilosoph zur Gastgeberin: »Es ist sehr wohl ein Unterschied, ob ein Bäcker um sechs mit dem Sieben beginnt oder um sieben mit dem Sex.«

Auf der Feier vermisst die Dame des Hauses plötzlich ihre Tochter. Sie findet die 15-Jährige im Garten auf dem Schoß eines jungen Mannes.

»Sofort stehst du auf!«, ruft sie entrüstet.

»Nein«, antwortet die Tochter trotzig, »ich war wirklich zuerst da!«

Heidi kommt mit total zerfetztem Rock nach Hause und sagt zu ihrem Freund: »Das war aber mal eine tolle Büroparty. Dreißig Männer kamen auf uns zwei Sekretärinnen!«

Unterhalten sich zwei Freunde. Sagt der eine: »Du, weißt du noch die letzte Fete, als du so früh gegangen bist?«

»Ja!«

»Da habe ich mit deiner Frau geschlafen!«

»Was hast du?«, fragt der andere entrüstet.

»Ist nun mal so passiert, aber sag mal, sind wir jetzt eigentlich verwandt?«

»Verwandt nicht, aber quitt!!«

Eine flachbusige Frau ist unzufrieden mit ihrer Oberweite und entschließt sich, ihre Brust vergrößern zu lassen. Bei der Operation stellt der Assistenzarzt jedoch auf einmal fest, dass die Narkotisierte ja nur bei der BARMER versichert ist. »Ja, was machen wir denn da?«, grübelt der Professor. »So eine teure Operation bezahlen die doch gar nicht. Aber wenn sie schon mal narkotisiert ist …«

Als die Frau aus der Narkose aufwacht und immer noch flachbusig ist, ist sie erschrocken. Aber der Professor beruhigt sie: »Tut mir leid, aber die BARMER trägt die Operation nicht, da haben wir eine günstigere Lösung eingebaut: Wenn Sie einen großen Busen haben wollen, dann müssen Sie nur ein paar Mal mit den Armen auf und ab schlagen, dann pumpt sich der Busen auf!«

Drei Wochen später auf einer Fete trifft die Frau den Mann ihrer Träume. Sie schlägt einige Male mit den Armen auf und ab und der Busen bläst sich auf.

»Aha«, meint er und stampft einige Male mit dem Fuß auf den Boden, »Sie sind also auch bei der BARMER versichert?«

»Am vergangenen Samstag wurde meine Frau auf einer Party als Nutte bezeichnet. Was kann ich dagegen tun?«
»Meiden Sie Gesellschaften, in denen man Ihre Frau gut kennt.«

Das junge Paar unterhält sich auf einer Party, was man denn dazu sagen könnte, wenn man Lust aufeinander hätte. Es sei ja so peinlich, wenn andere es mitbekommen würden. Schließlich einigten sich beide darauf zu sagen »lachen«.
Das klappt bei der nächsten Party auch ganz hervorragend.
Einige Wochen später fragt er zu Hause: »Ich hätte mal wieder Lust, etwas zu lachen.«
»Nee«, wehrt sie ab, »ich habe Kopfschmerzen.«
Nach einer halben Stunde fragt sie ihn dann: »Na, hast du noch Lust, ein wenig zu lachen?«
Darauf er: »Zu spät, ich habe mir schon ins Fäustchen gelacht!«

Die 17-jährige Jenny sagt zur Freundin: »Großvater hatte ganz recht, als er sagte, ich soll nicht in den Nachtclub gehen, weil es da Dinge gebe, die ich nicht sehen sollte!«
Erkundigt sich die Freundin neugierig: »Und was hast du da gesehen?«
»Meinen Großvater!«

Kommt ein alter Mann zum Arzt und sagt: »Herr Doktor, Herr Doktor, meine 50 Jahre jüngere Frau ist schwanger geworden! Wie kann das sein?«
»Stellen Sie sich vor, Sie laufen im Wald, sehen ein Reh, nehmen Ihren Stock und tun so, als ob Sie das Reh erschießen wollen. Da fällt das Reh tot um. Was denken Sie?«
»Da hat ein anderer geschossen!«
»Richtig!«

Anruf bei der Polizei:
»Hilfe, in unserem Nonnenkloster gab es eine Vergewaltigung!«
»Ist ja schrecklich, wer wurde denn vergewaltigt?«
»Der Briefträger ...«

Was ist ein Macho?
Ein Mann, der sich einen blasen lässt und dann fragt: »Na, wie war ich?«
Und was ist ein Obermacho?
Ein Mann, der sich einen blasen lässt, keinen hoch bekommt und dann die Frau fragt: »Passiert dir so etwas öfter?«

Was macht ein Holländer, nachdem er die Weltmeisterschaft gewonnen hat?
Er schaltet die Playstation aus!

Dem Pfarrer werden andauernd aus dem Obstgarten Früchte gestohlen. Er stellt ein Schild auf: »GOTT sieht alles!«

Am nächsten Tag steht darunter: »Aber er petzt nicht!«

Im schicken Büro fragt der Anwalt seine attraktive Mandantin: »So, Frau Meier. Also, warum wollen Sie sich scheiden lassen?«

»Weil mein Mann jeden Abend Arbeit mit nach Hause bringt.«

»Na ja, das ist aber kein Scheidungsgrund. Das machen viele, ich doch auch!«

»Ja, aber mein Mann ist Callboy!«

Gespräch unter Bäuerinnen am Markt.

Die eine: »Morgen fahre ich mit meinem Mann in die Stadt zum großen Markt, da werden nämlich Schweine versteigert!«

Die andere erwidert trocken: »Und? Was glaubst du, wird deiner denn bringen?«

Was ist der Unterschied zwischen einem Beinbruch und einem Einbruch?

Nach einem Beinbruch muss man drei Monate liegen, nach einem Einbruch drei Monate sitzen.

Der kleine Maxi fragt seinen Freund Peppi: »Du, sag mal, ich hab gestern deinen Vater beim See gesehen. Der hat seinen Laptop ins Wasser geschmissen. Was sollte das denn bringen?«

Peppi überlegt und antwortet: »Hm, so genau kann ich dir das auch nicht sagen, aber ich denke mal, er wollte einfach mal surfen.«

Gott will mal wieder sehen, wie es so auf der Erde zugeht, und kommt herunter. Er klingelt bei einem reichen Kerl und bittet ihn um eine Mahlzeit und eine Übernachtungsmöglichkeit – und kriegt die Tür vor der Nase zugeschlagen.

So schnell gibt Gott nicht auf und geht weiter und klingelt bei einem Kiffer. Der Kiffer heißt ihn willkommen und meint: »Klar, komm rein!« Er macht zwei Dosen Ravioli heiß und sie essen zusammen. Nach dem Essen holt er einen Joint raus, bietet ihn Gott an und meint: »Das ist wirklich gutes Zeug!« Gott nimmt ein paar Züge und meint dann: »Darf ich dir was anvertrauen? Ich bin Gott.« Meint der Kiffer: »Siehst du? Ich hab doch gesagt, es ist gutes Zeug!«

Ein Mann rempelt eine Frau an der Hotelrezeption an. Beide gucken etwas verstört. Mann: »Wenn Ihr Herz so weich ist wie Ihr Busen, werden Sie mir verzeihen.« Antwortet die Frau: »Wenn Ihr bestes Stück so hart ist wie Ihr Ellenbogen, bin ich in Zimmer 246!«

Drei Frösche wollen in den Himmel.

Fragt Petrus: »Was habt ihr immer so gemacht?«

Sagt der erste Frosch: »Tümpelchen rein, Tümpelchen raus.«

»Brav«, sagt Petrus.

Er fragt den zweiten Frosch.

Der antwortet: »Tümpelchen rein, Tümpelchen raus.«

»Auch brav«, sagt Petrus.

Er fragt den dritten Frosch: »Und was hast du gemacht?«

Der Frosch antwortet: »Ich war das Tümpelchen!«

Bianca macht einen Strip vor Soldaten, die schon lange keine Frau mehr gesehen haben. Tosender Applaus. Als die letzte Hülle fällt, herrscht plötzlich Totenstille. »Was ist? Gefalle ich euch nicht mehr?«

Antwortet eine stöhnende Stimme: »Natürlich, aber klatsch du mal mit einer Hand.«

Peter ruft bei einem sogenannten Fotomodell an und fragt naiv: »Wenn ich zu Ihnen komme, muss ich da meinen Fotoapparat mitbringen?«

Säuselt die Dame: »Nein, mein Herr, das Stativ genügt vollkommen.«

Im Restaurant. Die Bedienung kommt an einen Tisch, an dem drei Japaner sitzen und hektisch onanieren. Sie spricht sie verärgert darauf an, was das soll, und einer antwortet: »Sie werben doch mit dem Spruch: Wer zuerst kommt, wird zuerst bedient.«

Ein Kunde geht in eine Buchhandlung und fragt nach einem Buch mit dem Titel *Die Unschuld*. Die Buchhändlerin ist nicht ganz sicher, ob noch ein Buch auf Lager ist und ruft nach hinten: »Herr Meier, haben Sie noch die Unschuld?«
Eine kurze Zeit vergeht, dann kommt eine Stimme zurück: »Wenn Sie sie vorn nicht mehr haben, ich habe sie hinten auch nicht.«

Zwei Männer sind am FKK-Strand und langweilen sich. Aus Jux verbuddeln sie sich im Sand und lassen nur ihr bestes Stück rausgucken. Kommen zwei Frauen vorbei. Sagt die eine zur anderen: »Meine Güte, da heiratet man wegen den Dingern und hier wachsen die wie Spargel.«

»Ihr Mann ist wirklich ein ausgezeichneter Fußballer. Sie sollten ihn mal auf dem Sportplatz sehen!«
»Und Sie sollten mal sehen, wie müde er zu Hause ist. Sein Mittelstürmer liegt lustlos auf den Bällen, mein Tor ist offen, aber es erfolgt kein Angriff.«

Zwei Schwule unterhalten sich. »Du, ich habe gestern meine erste sexuelle Erfahrung mit einer Frau gehabt!«
»Und, wie war's?«
»Na ja, irgendwie seltsam.«
»Wieso?«
»Es hat allein schon über zwei Stunden gedauert, bis ich ihre Schamlippen in meinem Hintern hatte!«

Ein Mann geht steif wie ein Pinguin über die Straße und begegnet einem Freund. Fragt der Freund: »Hast du es an der Wirbelsäule?«
»Nein«, antwortet der andere, »ich habe eine Viagrapille genommen und die ist mir im Hals stecken geblieben.«

Klingelt ein Schornsteinfeger an einer Tür. Eine alte Oma mit einem langen schwarzen Kleid öffnet. Sie mustert den Schornsteinfeger, zieht etwas ihren Ausschnitt herunter. Sie hat auf der runzligen Brust einen Frosch tätowiert und sagt:
»Wenn du errätst, was das ist, darfst du mit mir ins Bett.«
Schornsteinfeger:
»Das ist ein Elefant!«
Die Oma:
»Na ja, das können wir gerade noch so gelten lassen.«

Ein Ehepaar ist zu Bett gegangen, und nach einer Weile deutet er an, dass er Sex haben will.

Sie lehnt ab: »Ich habe morgen einen Termin beim Gynäkologen und deshalb mag ich jetzt nicht.«

Er dreht sich weg und versucht zu schlafen. Nach ein paar Minuten jedoch sagt er zu ihr: »Hast du morgen auch einen Termin beim Zahnarzt?«

Auf einer Poolparty treffen sich ein schwarzer und ein weißer Mann.

Nach mehreren Drinks steht der Weiße auf, zieht seine Hose aus, hält seinen Penis ins Wasser und sagt cool: »Exakt 22,04 Grad Wassertemperatur.«

Der Schwarze macht's ihm nach, taucht seinen Penis ins Wasser und sagt:

»Und genau 1,92 Meter tief.«

Eine Nutte im Wohnwagen. Klopft ein Österreicher an.

Sagt die Nutte: »Komm herein.«

Der Österreicher: »Gerne, ich habe aber nur 10 Euro bei mir.«

»Pass auf, mein Schatz, für einen Zehner kannst du dir bei uns höchstens hinten in den Büschen einen runterholen. Guten Tag.« Sie wirft die Tür zu.

Etwas später klopft es wieder an der Tür. Es ist erneut der Österreicher.

Die Nutte fragt: »Was willst du denn jetzt wieder?«

»Bezahlen.«

Partygespräch:

»Ich stehe zwischen zwei Frauen: die eine ist eine sehr treue und fleißige Arbeiterin, die andere eine hinreißende Geliebte. Für wen soll ich mich entscheiden?«

»Für die Arbeiterin. Eine Geliebte kannst du dir immer noch nehmen.«

Was haben ein Sarg und ein Kondom gemeinsam?
In beiden steckt ein Steifer!
Und wo ist der Unterschied?
Der eine geht und der andere kommt!

Was hat ein Mann ohne Beine?
Eier aus Bodenhaltung …

Tratschen zwei Nachbarinnen:

»Ist Ihnen schon aufgefallen, was für seltsame Namen die Kinder von Meiers haben?«

»Ja, die wurden alle nach dem Ort benannt, an dem sie gezeugt wurden. Der Älteste heißt Waldemar, weil's im Walde war. Die Tochter heißt Kinogunde, weil's im Kino passiert ist. Der Jüngste heißt Autokar, weil's im Auto war.«

»Ach so, nur eine Bettina haben die noch nicht.«

Eine Blondine kommt in die Drogerie um die Ecke und fragt den freundlichen Verkäufer, ob er auch übergroße Kondome verkauft. Dieser bejaht und fragt sie auch gleich, ob sie denn welche kaufen möchte.
Die Blondine meint aber nur: »Nein danke! Aber es stört Sie doch nicht, wenn ich hier warte, bis ein Mann diese übergroßen Kondome kauft, oder?«

Der etwas korpulente Chef veranlasst seine sehr blonde, dafür hübsche Sekretärin, für die nächste Geschäftsreise zwei Plätze im Flugzeug zu reservieren, um bequemer sitzen zu können.
Nach einer Stunde meldet sie ihrem Chef stolz den Erfolg: »Alles klar, Chef! Ich habe sogar zwei Fensterplätze bekommen können!«

Neulich bei der Jagd: Zwei Ostfriesen pirschen durch die Fluren. Plötzlich schwebt ein Drachenflieger über sie hinweg.
Darauf der eine: »Manne! Ein Adler, ein Adler – komm, schieß!«
Manne legt an. Schuss!
Der andere: »Hast du ihn getroffen?«
»Nein.«
»Schieß noch einmal!«
Schuss!
»Hast' ihn getroffen?«
»Nein, aber die Beute hat er fallen lassen …«

Treffen sich zwei Vampire.

»Kalt draußen, was?«, sagt der eine.

»Kann man wohl sagen. Was Heißes wäre gut.«

»Komm rein, ich hab was.«

»Was denn?«

»Wir machen uns einen schönen Tee! Hab einen Tampon gefunden!«

»Herr Ober, in meiner Suppe ist eine Fliege!« – Über kulinarische Genüsse und stilvolle Besäufnisse

In einem Restaurant beschwert sich der Gast:
»Herr Ober, der Hirschbraten ist aber sehr hart!«
»Da werden Sie wohl ein Stück vom Geweih erwischt haben!«

Wie kastriert man einen Kühlschrank?
Tür auf. Eier raus. Tür zu.

»Herr Ober, hier auf der Karte steht: Kaviar. Was ist denn das?«
»Das sind Fischeier, mein Herr!«
»Gut, dann hauen Sie mir zwei in die Pfanne!«

Was hört man, wenn man sich einen Döner ans Ohr hält?
Das Schweigen der Lämmer.

»Mami, schau mal, der Mann isst die Suppe mit der Gabel!«

»Sei still!«

»Mami, guck mal, jetzt trinkt er aus der Blumenvase!«

»Du sollst still sein!«

»Aber Mami, jetzt isst er sogar die Serviette auf!«

»Dann gib ihm doch seine Brille zurück, damit endlich Ruhe ist!«

Ein Mann kommt in eine schmuddelige Kneipe und bestellt sich zwei Hamburger.

Die Frau hinterm Tresen fragt ihn: »Kalt oder warm?«

»Warm«, sagt der Mann.

Die Frau nimmt die Hamburger und klemmt sie sich in die Achselhöhlen.

Ein Mann am Nebentisch sieht das und ruft sofort: »Ich möchte meinen Hotdog abbestellen!«

Kommt ein Mann ins Lokal und ruft:

»Herr Wirt, schnell einen Doppelten, ehe der Krach losgeht!«

Er kippt den Doppelten hinunter und sagt: »Noch einen, ehe der Krach losgeht!«

Nach dem fünften Glas fragt der Wirt seinen Gast: »Was für einen Krach meinen Sie eigentlich?«

»Ich kann nicht bezahlen …«

Fragt der junge Richter seinen ergrauten Kollegen: »Ich habe da einen Schwarzbrenner, der Kirschwasser gemacht hat. Wie viel soll ich ihm wohl geben?«
»Auf keinen Fall mehr als fünf Euro pro Liter.«

Ein Mann bestellt in einer Bar zehn Klare. Er kippt sie einen nach dem anderen runter. Dann bestellt er neun Klare und kippt sie. Dann acht … sieben … sechs …
Bei fünf angelangt, lallt er: »Komisch … je … je … weniger … ich trinke, de… desto besoffener werde ich …«

Kommen zwei Zechkumpane in der Nacht aus der Kneipe, das viele Bier drückt. Fragt Werner: »Warum pinkele ich so laut und du so leise?«
Klaus: »Ist doch logisch, du pinkelst an mein Auto, und ich an deinen Mantel …«

Frau Schnudde zu ihrer Tischnachbarin: »Warum machen Sie denn beim Trinken immer die Augen zu?«
»Das ist eine Anweisung meines Arztes. Er hat gesagt, ich solle nicht zu tief ins Glas schauen!«

Nachts an der Bar.
»Barkeeper, einen Sherry bitte!«
»Dry?«
»Nee, erst mal nur einen!«

»Verzeihung, wo bin ich hier eigentlich?«, fragt der Betrunkene.
»Ecke Poststraße/Lindenallee.«
»Keine Einzelheiten! In welcher Stadt bin ich?«

»Darf ich dir meinen Arm anbieten?«, fragt der verliebte Kannibale seine Angebetete.
»Danke«, entgegnet sie errötend, »ich habe schon gegessen.«

Gast zum vorbeilaufenden Ober:
»Herr Ober, ich hätte gern eine Karte.«
»Wollen Sie vielleicht auch noch eine Briefmarke dazu?«

»Herr Ober, ich hätte noch gerne einen grünen Salat.«
»Französisch oder italienisch?«
»Ist mir doch Wurscht, ich möchte ihn essen und nicht mit ihm plaudern.«

Fragt der Gast den Ober: »Wo bleibt meine Serviette?«
Kurze Zeit später kommt der Ober mit einer Rolle Klopapier. Der Gast regt sich schrecklich auf.
Doch der Ober bleibt cool: »Für manche ist es Klopapier, für andere die längste Serviette der Welt!«

»Herr Ober, was macht eigentlich meine Seezunge, die ich vor einer halben Stunde bestellt habe?«
»Neunzehnfünfzig, der Herr!«

Ein Kellner schüttet einem Gast den Salat über den Kopf. Der Gast beklagt sich beim Besitzer. Der Chef stellt den Kellner zur Rede.
Dieser antwortet lässig: »Ich bin unschuldig, der Gast hat Kopfsalat bestellt.«

»Herr Ober, Sie haben auf der Rechnung das Datum mitaddiert!«
»Gewiss, mein Herr. Zeit ist Geld!«

Im Restaurant. Eine ältere Dame bittet den Kellner, die Klimaanlage schwächer zu stellen. Nach wenigen Minuten fächelt sie sich mit der Speisekarte Luft zu und ruft erneut den Kellner: »Wenn Sie jetzt die Aircondition bitte wieder etwas höher stellen könnten.«
»Aber gern.«
Kaum fünf Minuten später: »Mich fröstelt, drehen Sie bitte die Anlage wieder runter.« Ein Gast am Nebentisch winkt den Kellner zu sich: »Macht Sie das ewige Hin und Her eigentlich nicht nervös?«
»Keineswegs, mein Herr. Wir haben überhaupt keine Klimaanlage.«

Ein Pärchen beim Italiener, der Ober nimmt die Bestellung auf:
Sie: »Einmal Tortellini für meinen Macker!«
Er: »Einmal Makkaroni für meine Torte.«

Treffen sich zwei Freunde:
»Na, wie war euer Festessen gestern?«
»Na ja, nicht so toll. Wenn die Suppe so warm gewesen wäre wie der Wein, der Wein so alt wie die Gans und die Gans so fett wie die Gastgeberin, dann hätte man es ein Festessen nennen können.«

Ein elegantes junges Paar speist im Nobelrestaurant, da tritt der Chefkellner an den Tisch und wendet sich dezent an die Dame:
»Ist es Ihrer Aufmerksamkeit entgangen, dass Ihr Herr Gemahl soeben unter den Tisch gerutscht ist?«
»Da sind Sie einem Denkfehler aufgesessen, Herr Ober, mein Gemahl ist nämlich soeben zur Tür hereingekommen …«

Ein Betrunkener torkelt in der Nacht nach Hause. Da sieht er in einem Vorgarten einen Amateur-Astronomen, der durch ein langes Fernrohr schaut. Beide blicken zum Himmel hinauf, als plötzlich eine Sternschnuppe niedergeht.
»Oh«, lallt der Betrunkene, »Sie sind aber ein toller Schütze!«

Ein Gast aus Deutschland ist auf Urlaub in Kuba. Im Hotel fragt er den Kellner, was er bestellen könne. Der Kellner antwortet darauf: »Alles, mein Herr!« Der Gast erwidert: »Das glaube ich nicht.«

»Nennen Sie mir ein Gericht, und ich serviere es Ihnen. Wenn nicht, bekommen Sie 500 Dollar.« Der Mann bestellt Elefantensteak mit Zwiebelringen und Pommes. Eine Stunde vergeht. Nichts. Der Kellner lässt sich nicht blicken. Da sieht der Gast, wie ein Elefant durch den Hoteleingang in Richtung Küche getrieben wird.

Nach einer weiteren Stunde erscheint der Kellner ganz geknickt. »Hier haben Sie die 500 Dollar. Mit dem Gericht klappt es nicht.«

»Wieso?«, wundert sich der Gast. »Ich habe genau gesehen, wie ein Elefant in die Küche gebracht wurde.«

»Das schon«, sagt der Kellner, »aber treiben Sie mal in so kurzer Zeit Zwiebeln auf.«

Koch: »Was hat denn der Gast gerade in das Beschwerdebuch eingetragen?«
Ober: »Nichts, er hat sein Schnitzel eingeklebt ...«

Im französischen Feinschmeckerrestaurant:
»Unsere Schnecken sind weltbekannt!«
»Schon bemerkt – bin vorhin von einer bedient worden ...«

Ein Deutscher mit schlechten Englischkenntnissen sitzt in einem Gourmetrestaurant in London: »Can I have a bloody steak, please?«
Ober: »Do you want some fucking potatos with it?«

Ein Gast beschwert sich: »Herr Ober, der Herr am Nebentisch wird viel schneller bedient als ich! Schicken Sie mir sofort den Geschäftsführer.«
Gelassen kommt die Antwort: »Der Herr am Nebentisch IST der Geschäftsführer.«

Eine Feministin im Restaurant:
»Herr Ober, bitte bringen Sie mir eine Salzstreuerin!!!«

Ein Rocker kommt in ein Restaurant und schaut sich nach einem Sitzplatz um. Er sieht einen alten Mann vor einem Teller Suppe sitzen, aber der Mann isst seine Suppe nicht. Er setzt sich zum alten Mann an den Tisch, nimmt die Suppe weg und beginnt zu essen. Der alte Mann zeigt keine Reaktion. Als der Rocker die Suppe fast fertig gegessen hat, kommt ein Kamm voll mit Haaren zum Vorschein. Der Rocker kotzt die Suppe sofort zurück in den Teller.
Jetzt reagiert der alte Mann: »Das ist komisch. Du bist genau so weit gekommen wie ich!«

Ein Europäer reist durch die USA und kommt in eine Kleinstadtkneipe. Er bestellt einen Drink, und während er wartet, zündet er sich eine Zigarre an. Er nimmt immer mal wieder einen Zug und bläst gemütlich ein paar Ringe aus Rauch.

Da kommt plötzlich ein Indianer wütend auf ihn zu und sagt: »Noch so eine Bemerkung, und ich stopf dir dein großes Maul ...«

Gast im Lokal: »Herr Ober, auf der Karte steht ›Touristenkaviar‹. Was ist das denn?«

Ober: »Eine Schüssel Reis und eine schwarze Sonnenbrille ...«

Zwei Betrunkene wanken auf den Bahngleisen nach Hause.

»Die Treppe hört wohl gar nicht mehr auf!«, flucht der eine.

Darauf der andere: »Wenn nur das Geländer nicht so niedrig wäre!«

Der Mann kommt um zwei Uhr nachts nach Hause.

Frau: »Ich habe dir gesagt, dass du zwei Bier trinken darfst und um zehn Uhr nach Hause kommen sollst.«

Mann: »Oh, da habe ich wohl die beiden Zahlen verwechselt!«

Sitzen zwei Kumpels sternhagelvoll in ihrer Stamm-kneipe.

Sagt schließlich der eine: »Okay, wer'n Kürzeren zieht, muss zahlen.«

Brüllt der Wirt von der Bar herüber: »Ich sag's euch Chefchaoten zum letzten Mal: Macht eure Hosen wieder zu! Dazu nimmt man Streichhölzer!«

Ein Chinese sitzt in einer deutschen Kneipe und bestellt sich ein Bier. Der Kellner bringt das Bestellte und stellt es auf einen Bierdeckel auf den Tisch. Nach kurzer Zeit bestellt der Chinese wieder ein Bier. Der Kellner füllt das Glas erneut auf, will es vor den Gast stellen, aber der Bierdeckel ist weg. Also legt er einen neuen unters Bier. Nach einer Weile bestellt der Chinese sein drittes Bier. Wieder ist der Bierdeckel weg. Murmelt der Kellner: »Dem bringe ich nicht schon wieder einen Bierdeckel.« Darauf der Chinese: »Wo ist Keks?«

Ein Mann sitzt in einer Kneipe und ist am Boden zer-stört.

Der Wirt spricht ihn an: »Mensch, Rolf, was ist denn mit dir los?«

»Ich hatte Streit mit meiner Frau, und sie hat mir ge-droht, einen Monat kein Wort mit mir zu reden.«

»Aber das sollte dich doch freuen!«

»Wie man's nimmt. Morgen ist der Monat rum ...«

»Was ist denn mit dir los?«, fragt der Wirt den unglücklichen Stammgast.

»Ach, meine Frau ist mit meinem besten Freund durchgebrannt. Alles ist so sinnlos ohne ihn!«

Kommen zwei Liliputaner in die Kneipe. Sagt der eine: »Zwei Halbe.«

Daraufhin der Wirt: »Ja, das sehe ich, und was wollt ihr trinken?«

Ein Betrunkener lässt sich mit dem Taxi aus seiner Kneipe abholen. Als er im Wagen sitzt, beginnt er sich auszuziehen. Da ruft der Fahrer: »Hallo, hallo, wir sind doch noch nicht im Hotel!«

Da lallt der Suffkopf: »Konnten Sie das nicht eher sagen? Ich habe gerade meine Schuhe vor die Tür gestellt!«

Torkeln zwei Betrunkene am Abend nach Hause.

Meint der eine: »Entschuldigung, ist das der Mond oder die Sonne?«

Antwortet der andere: »Keine Ahnung, ich bin selber fremd hier!«

»Mögen Sie Rembrandt?«

»Ja, ein kleines Gläschen könnte nicht schaden!«

Drei Freunde sturzbetrunken in der Bar. Nach etlicher Zeit kippt der eine vom Barhocker und knallt voll auf den Fliesenboden.

Sagt der eine zum anderen: »Du, das muss man dem Karl ja lassen. Der weiß genau, wann er aufhören muss!«

Am Stammtisch wird man doch oft seine Sorgen los und es herrscht ja auch Vertrauen zu den Stammtischbrüdern.

»Sag mal, Klaus-Erwin, warum willst du dich denn scheiden lassen?«

»Weil meine Frau jede Nacht durch sämtliche Kneipen der Stadt zieht.«

»Ja, das ist ja schrecklich! Hat sie denn einen Freund?«

»Ach was, die hat doch keinen Freund.«

»Ja, will sie sich selbst verwirklichen?«

»Quatsch!«

»Ja, ist sie denn Alkoholikerin?«

»Ach was, die sucht mich!«

Eine Frau sitzt beim Arzt und sagt: »Immer wenn ich Alkohol trinke, knutsche ich den nächstbesten Mann ab!«

Ruft der Arzt: »Schwester, den Cognac!«

Warum essen die Ostfriesen keine Essiggurken?

Weil sie mit dem Kopf nicht in das Glas reinkommen.

Die Ehefrau kommt zum Feinkosthändler. »Welchen Wein können Sie uns zum zehnten Hochzeitstag empfehlen?«, erkundigt sie sich.

»Das kommt ganz darauf an, gnädige Frau – wollen Sie feiern oder vergessen?«

»Steuern! Steuern! …« –
Über quietschende Reifen
und knallrote Ampeln

Ein Mantafahrer hat auf seinem Beifahrersitz einen Papagei sitzen und das Fenster offen. Er hält an der roten
Ampel neben einem Mercedes. Der Fahrer des Mercedes
kurbelt sein Fenster ebenfalls herunter und fragt: »Kann
der auch sprechen?«
Darauf der Papagei: »Weiß ich doch nicht!«

Warum wird der 80 Zentimeter breite Manta nun doch
nicht gebaut?
Weil der 1 Meter breite Pioneer-Aufkleber nicht drauf
passt.

Warum gibt es in zwei Jahren einen Bürgerkrieg?
Weil dann die Mantafahrer die Witze begriffen haben!

Was bleibt übrig, wenn ein Manta ausbrennt?
Ein Goldkettchen und eine heulende Friseuse.

Warum haben Mantafahrer in ihrem Wagen immer einen Magnethandschuh an?
Damit sie auch bei 200 die Hand aufs Dach legen können.

Warum werden Mantas jetzt nur noch mit Automatik gebaut?
Damit die Fahrer auch einen Fuß heraushängen können.

Ein Mantafahrer knallt mit 150 Sachen frontal gegen eine Mauer. Nach einigen Wochen kommt er im Krankenhaus wieder zur Besinnung und wird auch gleich von einem Polizisten verhört: »Haben Sie denn die Mauer nicht gesehen?«
»Klar doch, eh, ich habe sogar gehupt!«

Ein Mantafahrer sitzt im Rollstuhl. Warum fährt er immer im Kreis?
Mit angewinkeltem Arm kann er nur das rechte Rad bedienen.

Treffen sich ein Manta und ein Kuhfladen.
Sagt der Manta: »Ich bin ein Sportwagen.«
Da sagt der Kuhfladen: »Wenn du ein Sportwagen bist, bin ich 'ne Sachertorte.«

Kommt ein Mantafahrer zu McDonald's und bestellt ein Hähnchen.
Sagt die Verkäuferin: »Chicken.«
Sagt der Mantafahrer: »Nee, hier essen.«

Ein Mantafahrer wird gefragt: »Wie viele rohe Eier kann man auf nüchternen Magen essen?«
Sagt er: »Weiß nicht, vielleicht drei?«
Man klärt ihn auf: »Nur eins, denn danach hat man ja keinen nüchternen Magen mehr.«
Einen Tag später trifft der Mantafahrer seinen Kumpel. Er fragt diesen: »Wie viele Eier kann man auf nüchternen Magen essen?«
Sagt der Kumpel: »Weiß nicht, vielleicht fünf?«
Sagt der Mantafahrer: »Schade, hättste drei gesagt, hätt ich 'nen Witz gewusst.«

Warum hat die Garagenwand eines Mantafahrers einen roten Ralleystreifen?
Weil er beim Hineinfahren immer vergisst, den Arm hereinzunehmen.

Fährt ein Mantafahrer auf eine Brücke zu. Sagt seine Freundin: »Du, die Brücke ist nur einen Meter hoch.«
Sagt der Mantafahrer: »Na und, siehst du Bullen?«

Was sagt ein Mantafahrer, wenn er im Winter an der Tankstelle vorfährt?
»Ey, volltanken und einmal Ellenbogen frei kratzen, ey!«

Fragt ein Mantafahrer: »Wo geht dat denn hier ins Kino?«
»Geradeaus.«
»Scheiße, ey, schon wieder zu spät ...«

Was bedeutet das GTE hinten auf dem Manta?
Getuned, ey.

Warum haben Mantas immer so rostige Türen?
Weges des Achselschweißes.

Was ist der Unterschied zwischen einem Manta und einem Vibrator?
Der Manta ist für Arschlöcher.

Treffen sich zwei Mantafahrer: »Du siehst so verändert aus, warst du beim Friseur?«
»Nee, ich konnte nur die Leasingrate fürs Toupet nicht bezahlen.«

Warum legen die Mantafahrer eine Stahlplatte auf den Rücksitz?
Gegengewicht zu dem Auftrieb, der aufgrund des Vakuums im Kopf entsteht.

Ein stockbesoffener Mann kommt aus der Kneipe und torkelt zu seinem Auto – was ein Polizist beobachtet. Der Polizist sagt: »Sie wollen doch nicht in Ihrem Zustand die Hände ans Lenkrad legen?«
Besoffener lallt zurück: »Also freihändig fahr ich besoffen noch schlechter.«

Fährt ein Mantafahrer neben einem Lkw her und ruft aus dem Fenster: »Ich heiße Klaus, fahre Manta und Sie verlieren Ihre Ladung!« Bei der nächsten Ampel ruft er erneut: »Ich heiße Klaus, fahre Manta und Sie verlieren Ihre Ladung!«
Nach dem dritten Mal kurbelt der Lkw-Fahrer die Scheibe runter und sagt: »Ich bin der Theo, fahre Iveco und streue Salz!«

Fährt ein Autofahrer über eine rote Ampel und wird von einer Polizistin angehalten.
Er kurbelt das Fenster runter und fragt: »Wie viel?«
»30 Euro«, erwidert die Polizistin.
Darauf der Autofahrer: »O.k., steig ein!«

Was ist das größte Teil am Manta?
Die Titten der Beifahrerin.

Der beliebte Kleinwagen »Smart« ist auch als Cabrio auf den Markt gekommen.
Der Vorteil: Beim Kauf von zwei Smarts kann man sich die Inlineskates sparen.

Ein anderer Name für »Trabbifahrer«?
Teilchenbeschleuniger …

Treffen sich drei Krokodile.
Sagt das Erste: »Mann, ich hab gestern einen Porschefahrer gefressen, der lag mir so schwer im Magen, ich konnte den ganzen Tag nicht mehr schwimmen.«
Sagt das Zweite: »Das ist ja noch gar nichts. Ich habe vor zwei Wochen einen Golffahrer gefressen, der lag mir so schwer im Magen, ich kann heute noch nicht wieder richtig schwimmen.«
Sagt das Dritte: »Das ist überhaupt nichts. Ich habe gestern einen Mantafahrer gefressen, der war so hohl, ich kann seitdem nicht mehr tauchen.«

Warum werden Mantafahrer nur montags beerdigt?
Da haben die Friseure geschlossen.

Ein Autofahrer hat auf der Autobahn eine Panne. Als er am Rastplatz stehen bleibt, merkt er, dass in einem Reifen die Luft ausgegangen ist. Er beginnt, das Rad zu wechseln. Plötzlich kommt ein Pole und beginnt, das Radio auszubauen. Darauf schreit der Autofahrer: »Hey! Spinnst du?«

Sagt der Pole: »Pssst! Ich Radio, du Reifen!«

Ein Polizist hält einen Lkw-Fahrer an und teilt diesem mit, dass sein Rücklicht nicht funktioniert. Der Lkw-Fahrer geht nach hinten und schaut fassungslos drein. Der Polizist wiederholt: »Sehen Sie! Das Rücklicht funktioniert wirklich nicht!«

Darauf der Lkw-Fahrer: »Zum Teufel mit dem Rücklicht! Sagen Sie mir lieber, wo mein Anhänger geblieben ist!«

Während der ersten Fahrstunde ärgert sich der Neuling: »Diese dämlichen Fußgänger rennen mir ständig vor das Auto!«

Der Fahrlehrer beruhigt: »Dann fahren wir vielleicht erst einmal vom Gehsteig runter!«

Der Geisterfahrer zum Polizisten: »Was heißt hier falsche Richtung? Sie wissen doch gar nicht, wohin ich will!«

Ein Polizist stoppt einen Autofahrer: »Herzlichen Glückwunsch, Sie sind der 100 000. Autofahrer auf dieser Straße, Sie sind nun um 10 000 Euro reicher. Wissen Sie schon, was Sie mit dem ganzen Geld anstellen werden?«

Der Fahrer antwortet nach nicht langem Überlegen: »Ja, als Erstes werde ich meinen Führerschein machen!«

Dann die Frau auf dem Beifahrersitz: »Glauben Sie ihm kein Wort, Herr Polizist, er ist stockbesoffen!«

Der taube Opa auf dem Hintersitz ruft: »Ich wusste gleich, dass wir mit dem geklauten Auto nicht weit kommen!«

Auf einmal tönt eine Stimme aus dem Kofferraum: »Sind wir schon über die Grenze?«

Ein Autofahrer auf der Autobahn. Als er in den Rückspiegel schaut, sieht er einen Motorradfahrer dicht hinter ihm. Als der nach einer Viertelstunde immer noch hinter ihm herfährt, ruft der Autofahrer verärgert: »Na, wohl den Tiger im Tank, was?«

Der Motorradfahrer: »Nein! Meine Jacke in Ihrer Tür!«

»Meister, wie steht es mit meinem Auto?«
»Sagen wir es einmal so: Wenn Ihr Auto ein Pferd wäre, müssten wir es erschießen!«

Ein völlig Besoffener wankt nachts über den Parkplatz vor der Bar.

Ein Passant beobachtet, wie er alle Autodächer abtastet.

»Was machen Sie denn da?«, ruft er dem Suchenden zu.

»Ich suche meinen Wagen«, lallt der zur Antwort.

»Ja, aber warum suchen Sie denn alle Dächer ab, die sind doch alle gleich.«

»Blödsinn, auf meinem ist ein Blaulicht obendrauf.«

Kommt ein Trabbifahrer in eine Westautowerkstatt und fragt den Meister:

»Sagen Sie mal, könnte ich meinen Trabbi tiefer legen oder verbreitern, eventuell auftunen?«

Beschaut der Meister den Trabbi und meint: »Sicher.«

Darauf der Trabbifahrer: »Und was würde es kosten?«

Der Meister: »5 Euro!«

Trabbifahrer: »Willst du mich verarschen?«

Meister: »Wieso, wer hat denn damit angefangen?«

Ein Mantafahrer, ein BMW-Fahrer und ein Daimlerfahrer hängen am Lügendetektor.

Daimlerfahrer: »Ich denke, ich habe das schönste Auto.«

»Piep!«

BMW-Fahrer: »Ich denke, ich habe das schnellste Auto.«

»Piep!«

Mantafahrer: »Ich denke ...«

»Piep! Piep! Piep!«

Woran erkennt man einen freundlichen Motorradfahrer?

An den Fliegen zwischen den Zähnen.

Drei männliche Automobilmanager waren auf der Toilette und standen an den Urinalen.

Der erste Manager ist fertig und geht rüber zum Waschbecken, um sich die Hände zu waschen. Anschließend trocknet er seine Hände sehr sorgfältig ab. Er benutzt ein Papierhandtuch nach dem anderen und achtet darauf, dass jeder kleinste Wasserfleck auf seiner Hand abgetrocknet ist. Er dreht sich zu den anderen zwei um und sagt: »Bei Mercedes lernen wir extrem gründlich zu sein.«

Der zweite Manager beendet sein Geschäft am Urinal und wäscht sich danach die Hände. Er benutzt ein einziges Papierhandtuch und geht sicher, dass er seine Hände abtrocknet, indem er jeden verfügbaren Fetzen von dem Papier benutzt. Er dreht sich um und sagt: »Bei BMW wird uns nicht nur beigebracht, extrem gründlich zu sein, sondern wir lernen auch, extrem effizient zu sein.«

Der dritte Manager ist fertig, geht geradeaus auf die Tür zu und sagt im Vorbeigehen lächelnd zu den anderen: »Bei Volkswagen pissen wir uns nicht auf die Hände!«

Ein Taxipassagier tippt dem Fahrer auf die Schulter, um etwas zu fragen. Der Fahrer schreit laut auf, verliert die Kontrolle über den Wagen, verfehlt knapp einen entgegenkommenden Bus, schießt über den Gehsteig und kommt wenige Zentimeter vor einem Schaufenster zum Stehen. Für ein paar Sekunden ist alles ruhig, dann schreit der Taxifahrer laut los: »Machen Sie das nie wieder! Sie haben mich ja zu Tode erschreckt!«

Der Fahrgast ist ganz baff und entschuldigt sich voll Erstaunen: »Ich konnte ja nicht wissen, dass Sie sich wegen eines Schultertippens dermaßen erschrecken.«

»Ist ja auch mein Fehler«, meint der Fahrer etwas ruhiger. »Heute ist mein erster Tag als Taxifahrer. Die letzten 25 Jahre bin ich einen Leichenwagen gefahren.«

Frank rempelt mit seinem Moped einen sehr dicken Mann an, der mitten auf der Straße steht.

»Au, du frecher Bengel. Hättest du nicht einen Bogen um mich fahren können?«

»Ja, vielleicht! Ich war mir nur nicht sicher, ob das Benzin dafür reicht!«

Morgendliche Verkehrskontrolle: »Haben Sie vielleicht noch Restalkohol?«

»Nein, aber da vorn am Kiosk müssten Sie schon was kriegen können.«

Fährt ein Mann auf einer Landstraße und sieht auf einmal etwas Gelbes auf der Straße. Kurz davor bleibt er stehen und steigt aus.

»Ich bin ein kleiner gelber schwuler Zwerg und bin durstig. Gib mir was zu trinken oder ich lass dich nicht weiterfahren.« Der Mann gibt ihm sein Wasser und fährt weiter. Auf einmal sieht er etwas Rotes auf der Straße und bleibt wieder stehen.

»Ich bin ein kleiner roter schwuler Zwerg und bin hungrig. Gib mir was zu essen oder ich lass dich nicht weiterfahren.« Gibt der Mann ihm seine Pizza und fährt weiter. Auf einmal sieht er etwas Grünes auf der Straße. Er steigt genervt aus und sagt:

»Ja, ja, ich weiß, du bist ein kleiner grüner schwuler Zwerg und was willst du?«

»Führerschein und Fahrzeugpapiere …«

Was ist der Unterschied zwischen einer Schlange auf der Autobahn und einer im Dschungel?
Die auf der Autobahn hat das Arschloch vorne.

Zwei Freunde haben eine Autopanne. Sie klopfen an einem einsam stehenden Haus an. Ohne viel zu fragen, quartiert die Bewohnerin den einen der beiden in ein Gästezimmer ein, der andere schläft im Wohnzimmer auf der Couch.
Nach einigen Monaten ruft der eine Freund den andern an: »Sag mal, mein Lieber, ich habe da einen seltsamen

Brief von einem Rechtsanwalt bekommen, der nur einen Schluss zulässt – du musst dich damals von der Couch in das Schlafzimmer geschlichen und der Dame allerlei geboten haben. Aber was schlimmer ist: Du hast dich dabei meines Namens bedient.«

»Also, ich schwöre dir bei allem, was mir heilig ist: Das kann nur ein Missverständnis sein. Wenn sie in anderen Umständen ist …«

»Wer spricht denn von anderen Umständen? Gestorben ist sie und hat mir eine Million vererbt …«

Erwin K. Bödefeld

Lach mit!

Das superdicke Witze-Buch.
1200 neue Witze zum Ablachen

Das Leben ist viel witziger, als Sie denken! Hier kommt das Allheilmittel gegen trübe Gedanken, miese Stimmung, böse Alpträume: 1200 neue Witze, zum Schreien komisch! Ein Feuerwerk an Witzen für jeden Tag und jede Gelegenheit – Witze für alle Lebenslagen!

Knaur Taschenbuch Verlag

Dieter F. Wackel

Der große Witzekracher

Ein Buch mit Lach-Garantie

Im Durchschnitt lachen Erwachsene nur 15-mal am Tag – und dabei weiß doch jeder, dass Lachen so gesund ist! Unsere genialen Stimmungskracher liefern Ihnen 1000 Gründe, um viel öfter das Zwerchfell zu strapazieren. Und das garantiert ohne Rezept!

Knaur Taschenbuch Verlag

Dieter F. Wackel

Das große Buch der Fußballwitze

Lachen bis der Schiri pfeift

Fußball ist ein komisches Spiel. Und alle Beteiligten bieten genügend Gründe, herzhaft über sie zu lachen: die Spieler, die Trainer, die Schiris, die Fans. In diesem Buch finden Sie die besten Fußballwitze aller Zeiten und die absurdesten Sprüche unserer Stars, Trainer und Reporter. Stilblüten ohne Ende – echte Brüller! Da ist Lachen mit Verlängerung garantiert.

Knaur Taschenbuch Verlag

Dieter F. Wackel

Das große Witze-Feuerwerk

Wie heißt es so schön: Ein Tag ohne Lachen ist ein verlorener Tag! Mit diesem Buch werden Sie nie wieder einen Tag verlieren – garantiert.

Hier finden Sie die besten Witze aller Zeiten und haben damit die Lacher auf Ihrer Seite. Denn das Witze-Feuerwerk trifft genau ins Zwerchfell!

Knaur Taschenbuch Verlag